国家自然科学基金面上项目

农业企业科技成果转化效率研究：基于企业技术创新能力的视角

（71673275）

Transformation Efficiency of Scientific
and Technological Achievements
in Chinese Agricultural Enterprises :

From a Perspective of Technological Innovation

中国农业企业
科技成果转化效率研究：

基于企业技术创新能力的视角

毛世平 林青宁 著

中国财经出版传媒集团

经济科学出版社
Economic Science Press

序

　　党的十九届五中全会指出，坚持创新在我国现代化建设全局中的核心地位，把科技自立自强作为国家发展的战略支撑。科学技术是第一生产力，当前新一轮科技革命和产业变革正在重构全球创新版图、重塑全球经济结构，科技创新是一国竞争力的主要源泉。中国正处于由进入创新型国家行列向跻身创新型国家前列迈进的重要时期，农业作为基础性产业对中国经济发展和深化改革扩大开放起到不可替代的稳定器和压舱石作用。当前，中国农业正处于从数量增长向高质量发展、从要素驱动向创新驱动发展转型升级的关键时期。这就要求必须牢牢抓住科技创新这个关键变量，以此突破资源环境约束，拓展农业发展空间和能力，提高农业生产效益和产业竞争力，加快推进乡村振兴，实现农业农村现代化。长期以来，科技与经济"两张皮"现象依旧是中国农业科技创新的关键痛点。农业科技成果转化能力和转化效率是体现农业科技水平的标志，也是中国农业科技创新政策的着力点，2015年修订的《中华人民共和国促进科技成果转化法》突出强调了科技成果转化活动应当尊重市场规律，发挥企业在科技成果转化中的主体作用。习近平总书记形象地将科技成果转化比喻为横亘在科技研发与产业化应用之间的"篱笆墙"，因此，研究中国农业企业科技成果转化效率问题有助于推动、破解这个难题，具有重要的现实意义。基于此，本书重点围绕中国农业企业科技成果转化，从企业技术创新能力的视角，研究了中国农业企业科技成果转化效率问题，以期为强化中国农业企业在农业技术创新中的主体地位，更好地支撑农业高质量发展提供政策性思考。

　　本书基于系统论的思想，从企业内外部技术创新能力的视角构建了农业企业科技成果转化活动理论分析框架，选用基于松弛变量的超效率网络数据包络分析方法（SSBM－网络DEA）对中国农业企业科技成果转化效率进行了测算，进而探究影响农业企业科技成果转化效率的因素与作用机制。构建农业企业科技成果转化活动理论分析框架，能够打开农业企业科技成果转化过程"黑箱"，有助于明晰其内在机理。同时，开展农业企业科技成果转化效率影响因素与作用机制的研究，是以往研究较少涉及的。这些重要的理论问题不仅有助于拓宽和完善农业科技成果转化理论，还有助于探寻解决中国科技经济"两张皮"、创新链与产业链有效融合实现路径，提出农业领域的解决方案，有效发挥科技创新在农业高质量发展中的支撑引领作用，提供理论基础和新思路。

本书的贡献主要体现在以下几个方面：一是基于企业技术创新能力的视角，从内外部技术创新能力入手，构建了中国农业企业科技成果转化的理论分析框架，以探究农业企业科技成果转化活动的内在机理；二是基于创新链的全过程，剖析中国农业企业科技成果转化活动的"黑箱"，并运用SSBM－网络DEA方法对农业企业科技成果转化效率进行测算，有助于准确把握中国农业企业科技成果转化效率的现实特征和演变趋势；三是从企业技术创新能力视角，探究技术模式、政府支持、开放式创新以及科技金融对中国农业企业科技成果转化效率的影响程度与作用机制。本书不仅丰富了农业科技创新理论，拓宽和完善了农业经济学、农业技术经济学关于农业科技成果转化研究的理论基础，并为农业科技成果转化研究提供了新的经验证据；同时为国家涉农科技部门优化农业企业科技成果转化的支持方式提供决策参考，也为中国农业企业提高其科技成果转化效率提供解决方案。

本书是根据国家自然科学基金面上项目"农业企业科技成果转化效率研究：基于企业技术创新能力的视角"（71673275）的研究成果撰写而成，在项目的完成与本书的写作过程中，孙立新和金晔博士研究生、王晓君博士均为项目的开展与本书的写作提供了有益的意见和建议，我们对此表示衷心的感谢。我们还要感谢在本书的写作和项目研究过程中为我们提供了大量支持与帮助的田维明教授、吴敬学研究员、司伟教授和龚斌磊研究员等。本书还得益于许多学者和政府官员的诸多建设性意见和建议，其中我们要特别感谢科学技术部农村技术开发中心专项主管胡小鹿提供的研究数据及资料，科学技术部农村科技司孙传范研究员、农业农村部科技教育司窦鹏辉处长、中国科学技术发展战略研究院刘冬梅研究员等在写作过程中的指导。当然，由于作者研究和写作水平有限，本书难免有不妥和不足之处，敬请同行专家和同仁批评指正。

毛世平　林青宁

2022 年 4 月 15 日

目 录

第1章

绪 论

1.1 研究背景与研究意义

1.1.1 研究背景

习近平总书记指出，要"准确把握新发展阶段，深入贯彻新发展理念，加快构建新发展格局，推动'十四五'时期高质量发展"①，《中华人民共和国国民经济和社会发展第十四个五年规划和2035年远景目标纲要》明确将"高质量发展"作为"十四五"时期经济社会发展的重要指导思想之一，提出要坚持创新驱动发展，全面塑造发展新优势。全面实施乡村振兴战略，农业必须走高质量发展之路。国内外已有的农业发展的成功实践证明，农业科技进步是实现农业经济增长的第一驱动力，是推进农业高质量发展的决定因素。

中国农业科技创新产出数量取得较大增长，但科技成果的产业化应用水平亟须改善。随着国家与社会各界对创新的日渐重视，农业研发投入快速增长，中国农业科技成果数量增长迅速。根据2007年至2016年的

---

① 习近平. 把握新发展阶段，贯彻新发展理念，构建新发展格局 [EB/OL]. 中国政府网，2021 – 04 – 30.

统计资料显示，中国农业科技成果数量由 4646 项增至 7831 项，增加了 3185 项。[①] 但与此同时，中国农业科技成果的产业化应用情况并不乐观。科技成果产业化是将经由科技研发与技术创新所产生的实验室科技成果，通过中试生产、后续试验、技术推广扩散等手段，转化为具有经济效益的新产品，形成新服务，从而实现规模化、产业化的过程，是将实验室科技成果商品化、市场化、产业化的一系列活动。科技成果转化是科技研发与产业化应用的中间过程，是推动创新落地的必经之路（王新新，2013）。中国农业科技成果产业化应用所占比例却呈现下降趋势，由 2014 年的 54.80% 下降到 2019 年的 40.55%，[②] "重技术、轻市场" 成为横亘在农业科技创新与市场化应用之间的 "篱笆墙"，导致农业科技成果难以产业化应用并产生经济效益。

国家高度重视农业科技创新与成果转化，法律法规及政策体系日趋完善。 农业科技创新在保障粮食安全、破除要素资源刚性约束、减少农业环境污染等方面均发挥着重要作用。2017 年《中共中央 国务院关于深入推进农业供给侧结构性改革加快培育农业农村发展新动能的若干意见》着重强调 "强化科技创新驱动，引领现代农业加快发展"。党的十九届五中全会提出，"坚持创新在我国现代化建设全局中的核心地位，把科技自立自强作为国家发展的战略支撑"。2020 年中央经济工作会议也指出，坚持战略性需求导向，确定科技创新方向和重点。因此，加强农业研发投入、加快农业科技创新关乎中国粮食安全和农业高质量发展，关系到中国农业 "转方式、调结构"，是实现现代化农业的根本出路。

农业科技成果转化是使农业科技这个决定性要素与其他生产要素实现有效配置、与生产有机结合的关键环节，是实现实验室技术向具有经济效益的现实生产力转化的必经路径。中国科技创新政策自 1978 年改革开放以来主要经历了以下几个阶段：重构科技体制（1978～1985 年）、建立研发投入机制（1986～1998 年）、促进科技成果转化（1999～

---

① 国家科学技术奖励工作办公室. 全国科技成果统计年度报告 [R]. 2007、2016.
② 国家科学技术奖励工作办公室. 全国科技成果统计年度报告 [R]. 2014. 科技部火炬高技术产业开发中心 . 2019 年全国科技成果统计年度报告 [M]. 北京：中国农业出版社，2020.

2005 年）与构建全面的国家创新体系（2006 年至今）（范柏乃等，2013）。农业科技成果转化政策是中国科技创新政策的重要组成部分。1993 年全国人民代表大会常务委员会第二次会议通过了《中华人民共和国科学技术进步法》，这部法律第一次以立法的方式提出了"促进农业科技成果转化"。《中华人民共和国促进科技成果转化法》（以下简称《促进科技成果转化法》）中指出，国家鼓励农业科研机构、农业试验示范单位独立或者与其他单位合作实施农业科技成果转化。《全国农业现代化规划（2016—2020 年）》强调"创新强农"，要求全面提高农业的自主创新能力与科技成果转化应用能力。2017 年印发的《国务院办公厅关于加快推进农业供给侧结构性改革大力发展粮食产业经济的意见》中提出，建立粮食产业科技成果转化信息服务平台，促进食品产业中的科技成果、人才、科研机构等实现与企业的有效整合，进而促进科技成果的产业化应用。这些法律法规与政策的出台，为中国农业科技创新与成果转化提供了强有力的制度保障。

农业企业市场导向性更强，逐步发展成为农业技术创新的主体。2015 年 10 月 1 日修订实施的《促进科技成果转化法》确定了科技成果的市场化原则，需遵循市场规律，鼓励以企业为主导，科研机构与高等学校协同合作的科技成果转化平台建设。农业企业开展研发活动一方面是其自身研发存量提升、竞争力提高的关键；另一方面农业企业相较于农业领域的其他创新主体，更贴近市场，市场导向性更强，同时也更了解市场的需要，其开展的研发创新活动更为高效。这些特征决定了应确立农业企业在农业创新领域的主体地位，这不仅是一种趋势，也是一种必然（王文昌等，2006），同时也是实现农业现代化的内在需要（毛世平，2014）。必须加强对农业企业的重视程度，通过引导支持等手段提升其在农业创新领域的主体地位（农业部，2013），鼓励创建以农业企业为主体，科研机构、高校协同的科技成果转化机制（中央一号文件，2014）。农业企业的这些特质有助于提高中国农业生产的能力与效率（郭改英，2012），实现农村经济提效增速（杨金深，2004），同时也有助于乡村振兴战略的实施。

农业企业亟须完善技术创新能力，实现科技成果转化效率的提升。 科技成果转化是实现科技成果从"实验室"向"生产车间"转移的关键一环，科技成果转化处于创新链的中端，该环节涉及企业的多个方面、多个环节，面临需要多方参与、转化周期长、转化经费需求量大、不可控风险较高等问题，若某一环节出现偏差则极有可能导致企业技术创新失败。技术创新能力是企业基于多种手段与措施确保科技成果转化过程顺利开展的一种能力，是多种能力的耦合，包括内部技术创新能力与外部技术创新能力。近年来，中国农业企业的研发投入取得了长足进步，2006～2019 年，中国农业企业年均研发支出由 483.17 亿元上升到 2122.32 亿元。[①] 然而，中国农业企业科技成果转化情况却依然不容乐观。以 2016 年为例，中国农业行业科技成果的产业化应用比例为 51.21%，其中由农业企业完成的不足 35%，较全行业 60% 的水平差距较大。[②] 因此，亟须强化农业企业的技术创新能力，实现其科技成果转化效率的提升。

在工业化、城镇化加速发展的新形势下，耕地、水等农业资源的刚性约束和生态环境恶化的制约日益突出，以大量资源性生产要素消耗为代价的传统农业生产方式已难以为继。保障国家粮食安全和重要农产品有效供给，提高农业综合生产能力，加快转变农业发展方式，实现农业高质量发展，都迫切要求加快农业科技研发和成果转化。加快农业科技成果转化始终是中国农业科技创新政策的着力重点，农业科技成果转化能力和转化效率是体现农业科技水平的标志。

1.1.2 研究意义

1. 理论意义

本书以中国农业企业这个微观主体作为研究对象，基于其技术创新

[①] 《中国科技统计年鉴》（2006～2019 年），由作者整理所得。

[②] 国家科学技术奖励工作办公室. 全国科技成果统计年度报告 [R]. 2016.

能力的视角，从技术模式、政府支持、创新模式、科技金融四个维度入手构建中国农业企业科技成果转化效率的分析框架，着重解决以下问题：中国农业企业科技成果转化效率现状、演变趋势以及收敛特性。并基于企业技术创新能力视角探究技术模式、政府支持、开放式创新以及科技金融对中国农业企业科技成果转化效率的影响程度与作用机制，这都是以往研究较少涉及的。这些重要问题的研究拓宽和完善了农业科技成果转化理论，丰富了农业经济学、农业技术经济学关于农业科技成果转化研究的理论基础。

2. 实践意义

农业科技成果转化作为创新链的中间环节，是实现农业科技成果从"实验室"向"生产车间"转移的关键一环，是农业企业科技成果转化活动的薄弱环节，研究中国农业企业科技成果转化效率与优化路径具有较强的实践价值。首先，对中国农业企业科技成果转化效率的测算与分析有助于厘清中国农业企业科技成果转化现状与演变趋势。其次，基于企业技术创新能力的视角，探究技术模式、政府支持、开放式创新以及科技金融对中国农业企业科技成果转化效率的影响程度与作用机制。一方面可以为国家涉农科技部门优化对中国农业企业科技成果转化的支持方式提供参考，另一方面为中国农业企业在科技成果转化过程中更好地应对外部环境变化以及农业科技发展进程中所面临的挑战提出有参考价值的解决方案。此外，还为金融机构支持中国农业企业科技创新提供新思路。相关政策建议的落实有助于促进各类要素向农业企业集聚，强化中国农业企业在技术创新中的主体地位。

1.2　研究框架和研究内容

本书的研究目标：探究中国农业企业科技成果转化活动内在机理及影响因素，为研究农业企业科技成果转化效率奠定理论基础；测度分析中国农业企业科技成果转化效率及其演变特征；从企业内外部技术创新能力视角探究技术模式、政府支持、开放式创新以及科技金融对中国农业企业科技成果转化效率的影响及其作用机制；提出提高中国农业企业科技成果转化效率的对策措施与政策建议，为提升中国农业企业科技成果转化效率提供决策参考。

基于上述研究目标，本书从内部技术创新能力（即企业通过优化内部研发禀赋结构实现技术垄断的能力，主要包括技术引进和自主创新）以及外部技术创新能力（即获得外部利益相关者对企业技术创新支持的能力，主要包括政府支持——获得政府支持的能力；开放式创新——对外协同创新的能力；科技金融——获得金融机构支持的能力）两个视角对农业企业科技成果转化活动内在机理进行分析，构建了农业企业科技成果转化效率分析的理论框架。基于不同单位性质、不同技术领域以及不同区域三个视角，从研发经费投入、人力资源投入两个投入维度以及知识生产产出、技术产出两类产出类型，分析中国农业企业科技成果转化的投入产出现状与动态演进特征。并以 2009 ~ 2017 年中国农业企业的混合截面数据为样本，运用 SSBM - 网络 DEA 模型测度其科技成果转化效率，并在此基础上从时间—空间角度对其科技成果转化效率演变趋势与收敛性进行探究。进而以技术引进的三阶段吸收能力为门槛变量，构建门槛回归模型实证检验技术引进与中国农业企业科技成果转化效率之间的非线性关系；实证检验技术引进与自主创新对中国农业企业科技成果转化效率的影响及其相互关系；探究政府补助对中国农业企业科技成果转化效率的影响；实证检验开放式创新对中国农业企业科技成果转化效率的影响，以及在该过程中首席执行官（Chief Executive Officer, CEO）经历（学术经历与研发经历）、能力平衡的调节作用；实证检验科技金融对中国农业企业科技成果转化效率的影响，以及管理层能力和组织合法性的调节作用。根据研究结果，提出提高中国农业企业科技成果转化效率的政策建议，为提升中国农业企业科技成果转化水平提供决策参考。

本书的研究框架如图 1 - 1 所示。

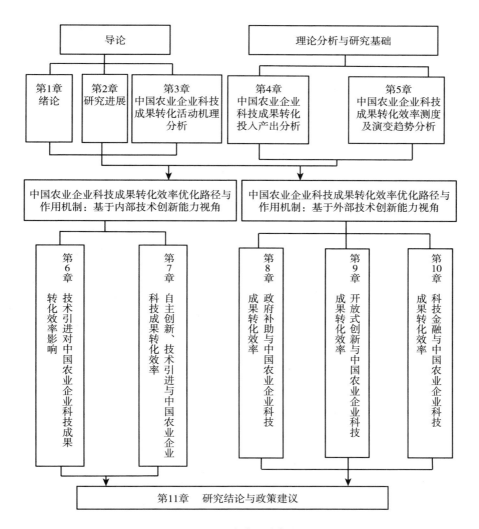

图 1 - 1 本书研究框架

根据上述研究框架，本书分五个层面、共 11 章内容逐层深入阐释。

第一，导论部分，包括引言、研究进展。

第 1 章，绪论。在分析中国农业科技创新及农业企业科技成果转化问题背景的基础上，提出本书研究的科学问题，并对研究的理论意义和实践意义进行了阐述；进而基于本书的研究目标阐明了本书的研究框架；最后简要概述本书的研究内容和主要结论。

第 2 章，研究进展。从农业科技成果转化现状及存在的问题、农业科技成果转化模式、农业科技成果转化机制、农业科技成果转化绩效评价与转化率四个方面进行了文献梳理，在此基础上对已有文献进展进行了简要评述。

第二，理论分析与研究基础部分，由第 3~5 章构成。

第 3 章，中国农业企业科技成果转化活动机理分析。本章主要是在对熊彼特创新理论基本思想及由之发展起来的技术创新理论、系统论、创新生态理论等理论基础，以及对现有文献进行梳理的基础上，从理论上探讨农业企业科技成果转化活动内在机理和影响农业企业科技成果转化活动的主要因素，从而构建了中国农业企业科技成果转化活动的理论分析框架。

第 4 章，中国农业企业科技成果转化投入产出分析。本章基于不同单位性质、不同技术领域不同区域三个视角，从经费投入、人力资源投入两个投入维度，以及知识生产产出与技术产出两类产出类型，分析中国农业企业的投入产出现状与动态演进特征。

第 5 章，中国农业企业科技成果转化效率测度及演变趋势分析。本章以 2009~2017 年中国农业企业的混合截面数据为样本，运用 SSBM–网络 DEA 模型测度其科技成果转化效率，并在此基础上从时间—空间角度对中国农业企业科技成果转化效率的演变趋势与收敛性进行探究。

第三，中国农业企业科技成果转化效率优化路径与作用机制：基于内部技术创新能力视角，由第 6、7 章构成。

第 6 章，技术引进对中国农业企业科技成果转化效率的影响。本章构建了 SSBM–网络 DEA 模型测算中国农业企业科技成果转化效率，在此基础上将技术引进细分为引进技术、吸收技术以及中试生产三阶段，并以三阶段的吸收能力为门槛变量，实证检验了技术引进对中国农业企业科技成果转化效率影响的门槛效应。

第 7 章，自主创新、技术引进与中国农业企业科技成果转化效率。本章在测算中国农业企业科技成果转化效率的基础上，实证检验了技术引进与自主创新对中国农业企业科技成果转化效率的影响及其相互关系。

第四，中国农业企业科技成果转化效率优化路径与作用机制：基于外部技术创新能力视角，由第8~10章构成。

第8章，政府补助与中国农业企业科技成果转化效率。本章在运用SSBM-网络DEA测度中国农业企业科技成果转化效率的基础上，实证检验了政府补助对农业企业科技成果转化效率及其分解指标（包括知识研发效率和科技成果商业化效率）的影响，以探寻政府补助对农业企业科技成果转化效率影响的内在机理，同时，探究创新政策对政府补助与农业企业科技成果商业化效率关系的调节作用。

第9章，开放式创新与中国农业企业科技成果转化效率。本章在选择SSBM-网络DEA测度中国农业企业科技成果转化效率的基础上，实证检验了开放式创新对农业企业科技成果转化效率的影响，并探究CEO经历与能力平衡的调节效应。

第10章，科技金融与中国农业企业科技成果转化效率。在使用SSBM-网络DEA模型测算中国农业企业科技成果转化效率的基础上，实证检验了科技金融对中国农业企业科技成果转化效率的影响，并探究管理层能力与组织合法性的调节作用。

最后是研究结论与政策建议部分，即第11章。本章在梳理、凝炼本书研究结论的基础上，提出提高农业企业科技成果转化效率的政策与建议，为提升中国农业企业科技成果转化能力提供决策参考。

第2章

研究进展

　　农业科技成果转化顺利实现不仅有助于我国农业产业"转方式、调结构"，更是使农业科技成果产生经济效益、社会效益，进而实现创新驱动发展的关键所在。因此，如何打破农业科技研发与转化之间横亘的"篱笆墙"，实现农业科技成果的顺利转化，不仅是研究热点，也具有重要社会意义。

　　农业科技成果转化创新链条中最核心、最基础的阶段是知识研发阶段，商业化阶段则是实现经济效益的关键，以实现农业科技成果产业化应用、市场化推广为目的，农业科技成果的产业化应用及市场化推广又可以有效促进农业研发活动。农业研发活动包括基础研究、应用研究以及试验发展，处于农业创新链的最前端，是农业创新链的基础，其目的在于形成诸如专利、专著、论文以及新基因、新品种、新型疫苗等研发产出；而在农业创新链的末端，经由农业科技成果转化过程的农业科技成果已形成较为成熟的新技术和新产品，无论是农业企业进入进行产业化应用或是政府介入开展市场化推广，均能较为顺利的实现。伴随"建设创新型国家"以及实现"高水平科技自立自强"等战略目标的提出，政府、企业以及科研机构均加大了对研发投入的重视程度。农业科技成果转化处于创新链的中端，是实现农业科技成果从"实验室"向"生产车间"转移的关键一环，面临多方参与、转化周期长、转化经费需求量

大、不可控风险较高等问题，属于农业创新链的薄弱环节。因此，必须
打通农业创新链的中端环节，加大政府引导、支持，合理发挥引进技术
及自有技术的效力，吸引多方参与、协同创新，优化完善内外部创新环
境是破解农业科技成果转化难的关键。

科技成果转化是中国的一个专有名词（贺德方，2011），国外创新主
体的市场导向以及禀赋结构较为合理，其科技成果多是"不转而化"，因
此国外文献中多是以技术转移或者科技成果商业化来表述这一概念。但
鉴于技术转移与科技成果转化之间的本质区别，本书在对国内文献进行
总结梳理的基础上，专门对国外技术转移的相关研究进展进行综述。研
究发现，国外由于其市场体系更为完善，科技成果转化渠道建设已较为
成熟，且研发活动以市场导向为目标，其农业科技成果往往是"不转而
化"，因此国外相关研究集中在如何提高技术转移效率方面。基于此，本
书从中国农业科技成果转化现状及存在的问题、转化模式、转化机制、
转化率四个方面综述中国农业科技成果转化活动，并给出简要述评。

2.1　农业科技成果转化现状及存在问题

从理论层面看，农业科技成果转化过程中交易费用的高昂、信息的
非对称性和不完全性，极大地影响着农业科技成果向现实生产力的转化
（张学军，2007）。农业科技成果转化中"高成本、低数量"的低效率均
衡，制约了技术进步对中国农业可持续发展的支撑作用（熊桉，2012）。
近年来，随着国家对农业行业研发重视程度日渐加深，中国农业科技取
得的成果举世瞩目，但仍存在农业科技成果转化率低下、农业科技贡献
率不高等 R&D 边缘化问题，近五年，中国每年通过评估的农业科技成
果约 8000 余项，但有效转化的成果仅有 40% 左右，远低于发达国家的
70%～85% 的水平。①

---

① 杨玉成. 加快农科成果转化 为乡村振兴提供科技支撑［EB/OL］. 新京报，2022 –
03 – 05.

造成中国农业科技成果转化率低的原因主要有以下几方面。

第一，从农业科技成果转化人才队伍看，在农业市场经济发展转型过程中，农业科技成果转化推广部门受重视程度不高，农业科技成果转化推广人才工作条件较差、待遇福利水平较低、配套设施不够完善。由此衍生了农业科技成果转化队伍的整体素质不过关、高素质转化人才匮乏、转化人员离职率高、转化队伍不稳定等问题（程玉英和任爱华，2016）。

第二，从农业科技成果转化影响因素来看，农业科技成果自身内在的质量问题（李建华，1996；陈斐等，2004；沈月领和李延春，2012），农业科技成果有效供给和有效需求的双不足，以及供需结构失衡是制约中国农业科技成果转化的主要内部因素（朱秀芹，2008；陈伟民等，2011；陈学云和史贤华，2011；何淑群和古秋霞，2012；王青和于冷，2015）；农业科技成果中介机构的缺失是影响中国农业科技成果转化的外部因素（刘文超等，2010；岳福菊，2011；陈湘东和王生林，2015）。

第三，从农业科技成果转化主体看，农业科研院所及农业高校研发能力较强但市场导向性差，导致其中试生产能力与商品化能力较低，从而导致大量"沉没成果"的问题（毛学峰等，2012）；而农业企业市场化能力较强，但缺乏研发人员、研发设备，导致研发与转化的脱节（毛学峰等，2012）；同时农业企业管理层出于短期利益考量，对研发活动的重视程度明显不够，导致其资金投入使用方面出现不足、不合理及浪费的现象，农业企业还远不是农业领域的主体（蔡彦虹，2014）。

第四，从农业科技成果转化机制看，主要存在两个方面的问题。首先，农业科技成果转化过程中良好动力与激励机制的缺乏，资金投入和金融支持机制的不完善，非有效的项目管理机制和科研管理体制，以及在农业企业尚未成为农业领域创新主体的情况下，农业科技成果转化的市场导向严重不足（张淑辉和郝玉宾，2014）。其次，科研人员奖励评定机制不完善导致现阶段科研人员的关注重点在于论文、专著和专利等理论性成果，侧重于创新链的前端，忽视了由这些理论成果向生产力转变的创新链中端，导致创新链流通不畅。

第五，从农业科技成果转化网络体系看，农业科技推广体系不完善，推广服务未能扎根现实，推广方式单一，仍沿袭自上而下的直线型推广模式，未能形成"点对点""面对面"的网状覆盖模式，此外，农业科技推广队伍不稳定也是造成农业科技成果转化难的症结所在（秦涵淳等，2017）。

2.2　农业科技成果转化模式

农业科技成果转化模式在本质上是一个交易契约形成、契约履行的过程，在契约缔结进而顺利履行的过程中，农业科技成果得以从供给方转移到需求方（张学军，2007）。现阶段，关于农业科技成果转化模式的研究主要从参与主体、主导方向以及转化性质三个视角展开，总体来看，转化模式主要包括以下几种类型。

第一，政府主导型。政府作为农业科技成果转化的主体，在资金与政策方面有天然的优势，发达国家农业技术转移成功的共性经验均证实了政府立法保障、政策支持以及方向引导的重要性（郭建强等，2010）。同时，考虑到农业科技成果的风险性高、正外部性强、可控性差及周期长等特点，政府介入有助于改善这一状况，激发农业科技成果研发与转化方面的积极性（潘颖雯和万迪昉，2007）。企业及中介机构的逐利性决定了其难以积极参与公益类农业科技成果转化，因此，对于经济效益不明显而社会效益明显的公益类农业科技成果，政府参与作为主导可以实现显著的社会效益。

第二，企业主导型。企业主导型农业科技成果转化模式以市场化为导向，以利润最大化为目标，是政府主导型模式的重要补充（谭华等，2010）。这种转化模式降低了农业科技成果转化中信息不对称的问题，也是解决农业科技成果转化中供求关系不均衡的思路之一。该模式的出发点是市场需求，导向性较为明确，适宜那些具有直接经济效益的农业科技成果，诸如新肥料、新型农机农药以及动植物优良品种等。该模式存在较强的正外部性，应辅以产业化经济组织模式以及农民专业合作组织等模式。

第三，农业科研院所及农业高校主导型。这种模式依托于农业科研院所及农业高校在研发方面的优势，农业科研院所或农业高校主导模式下，农业科技成果的知识含量更高，顺利转化后带来的经济效益与社会效益也会更加明显（郭建强和冯开文，2010）。在这种模式下，农业科研院所及高校基于政府的导向与支持，依托于科研需求与定位，建立相应的实验室，开展研发与农业科技服务，实现农业科技成果的研发及对农业企业、农业合作社以及农业园区的辐射功能。该模式不仅能够完成相应的科研任务，还能显著推动当地农业科技成果转化，实现农业科技进步与农民增收，并形成反馈作用，促进农业科研院所研发体系的完善及农业科技人员的增收。这种模式适合具有显著社会效益的农业科技成果，以及从国外引进的新型农业科技成果。

第四，协同转化模式。协同转化模式是以政府立法保障、政策支持以及方向引导为基础，在农业企业掌握市场需求点、强化市场导向的基础上，依托农业科研院所及农业高校的研发力量，并以农业高科技园为推广依托，四位一体的转化模式（赵庆惠，2010）。协同转化模式具有法制完善、农业研发体系健全、研发人员素质高、市场经济体系较为完善以及产学研推紧密联系等特点。这种模式在增强科技支撑、提高农民科技知识、加强科技与经济融合方面起到了重要作用。在这几种转化模式的基础上，适当引入社会资本有助于加速转化农业科技成果（郑江波和崔和瑞，2009）。农业科技成果转化过程中应当多主体共同参与，充分发挥不同主体的优势作用，实现不同主体间的优势互补与要素流动。这就要求不同参与主体充分发挥自身特色优势并形成协同创新机制，政府发挥其引导保障职能，引入中介组织消除供求双方之间的信息不对称，并建立激励约束机制，避免逆向选择与道德风险的发生。

四种农业科技成果转化模式的概括比较如表 2-1 所示。

表 2 – 1　　　　　　　　不同农业科技成果转化模式的比较分析

模式类型	特点一	特点二	特点三	适用成果
政府主导型	公益性强	资金、政策倾斜	显著的行政主导	公益类农业科技成果
企业主导型	市场导向	解决信息不对称	农业科技成果转化过程中供求关系较为均衡	直接经济效益明显的农业科技成果
农业科研院所及农业院校主导型	科技导向	产生农业科技成果辐射效应	承担国家农业科技成果转化任务	社会效益明显、引进国外新型农业科技成果
协同转化模式	四位一体、政府主导、市场导向	产学研紧密联系	法制完善、劳动者素质较高	新型农业科技成果

015

2.3　农业科技成果转化机制

政府立法保障、政策支持以及方向引导是农业科技成果转化的基础，而市场导向则决定了农业科技成果能否被市场所接纳并产生经济效益。农业科技成果的市场导向机制主要依靠利益推动，在加快转化方面具有更强的动力。通过综述发现，供求机制、激励与动力机制、管理机制是现阶段农业科技成果转化机制的三种主要类型。

2.3.1　供求机制

关于农业科技成果的供求机制，是一个由单轨制转化机制过渡到双轨制转化机制，最后发展到利益联合机制的演进过程。1949～1992 年的计划经济时代衍生了单轨供求机制，单轨制属于高度集权的行政驱动型供求机制，这种机制的政策导向型性十分明显，需要在政府立法保障、政策支持以及方向引导等顶层设计的基础上，通过设立"国字号"农业研发部门、国家农业推广队伍，自上而下实现农业科技成果转化，具有显著的单一性、单向性（张雨，2006）。在当时的形势下，单轨制农业科技成果转化机制显著提高了中国农业科技水平的进步，如 1950～1970 年品种改良以及之后的杂交水稻的研发。1992 年以后随着需求多样化的逐渐提高，市场经济开始逐步发展并完善，自上而下的单轨制与市场经济之间的矛盾开始显现，迫切需要改变农业科技成果的转化机制，使其更具市场导向、更适应市场经济的要求，在这种背景下，产生了供求结合的双规转化机制（张梅申和王慧军，2011）。双轨制适应农业科技体制改革的需要、农村经济体制改革的需要以及农业科学技术发展的需要，具有"双向互动"的特点，反映了技术供求双方利益共享的长效机制，湖北省农业科学院以及河北省农业科学院"市院合作"转化机制是双轨制的成功案例。在中国农业生产中农户分散经营，难以形成集约化的背景下，以农民组织为纽带的联结机制不仅可以解决以往农技推广难度大的问题，而且有助于双轨制农业科技转化机制的落地（叶良均，2008）。利益联合机制，属于多主体参与、耦合互动、信息共享的长效转化机制，这种机制属于一种协同创新范式，在协同转化模式的基础上，通过机制设计，吸引中介机构、农户及农业合作社加入，从而构成兼具整体性和层次性的农业科技成果转化系统（刘文超等，2010）。利益联合机制下，只有以宏观调控为基础、以市场需求为导向、以产学研合作创新为保障、以信息传导为纽带，才能充分发挥利益联结体的效用最大化，加快农业科技成果转化。农业科技成果转化供求机制的演变如图 2-1 所示。

2.3.2 激励与动力机制

关于激励与动力机制的研究主要集中在如何解决中国农业科技成果转化乏力，提升中国农业科技成果转化的驱动力。已有研究主要集中在以下几个方面。

第一，市场驱动机制。解决科技成果转化动力不足的关键在于建立完善的市场经济体制，发挥市场力量作为农业科技成果转化的原始驱动

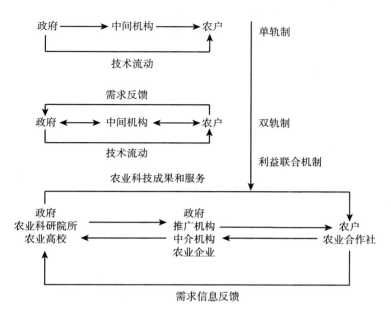

图 2 - 1　农业科技成果转化供求机制的演变

力，从而实现系统的自我激活作用，使农业科技成果转化步入轨道（徐辉和王忠郴，2007）。

第二，金融机构介入机制。农业科技成果转化资金投入不足、融资门槛太高一直是制约成果转化效果的重要因素，因此为提高农业科技成果转化效果，须建立健全相关法律法规支持金融机构介入农业科技成果转化、建立政策性银行为主导的多元化信贷支持服务模式，稳妥发展风险投资、设立风险补偿基金以及发展多元化新型金融支持模式（杨柳等，2016）。四川省在开展科技成果转化方面最大程度上争取了当地商业银行的支持，取得了较好的效果，农业科技成果转化率实现了一定的增加。

第三，中介服务机制。中国农业科技中介机构数量少、分布不合理，科技创新平台不足、资金平台建设不完善以及转化中介平台不成熟是造成中国农业科技成果转化难的制约因素之一（潘冬梅等，2010）。政府应出台相应法律法规，引导鼓励中介机构进入农业科技成果转化活动，搭建良好的资金平台，构建完善的网络信息平台，建设稳定的高技术人才平台等。华南理工大学科技园吸引将近60余家第三方中介机构介入，对科技成果进行试验转化，取得了大量成熟的新工艺、新技术，带来了良好的经济社会效益。

第四，人才驱动机制。创新是引领发展的第一动力，人力资源驱动是创新驱动的重要组成部分，注重人力资本结构的协调性和合理性，大力培养高精尖人才，加大对高精尖人才的引进力度，加强对人才的激励力度，加快创新主体间人才的双向流动，已经成为创新主体提升研发优势、取得竞争优势的路径选择。建设一支数量与质量并重、结构与功能优化的科技人才队伍是大幅提升科技成果转化能力的重要保证（葛兆建和杨华，2014）。

农业科技成果转化动力机制如图2-2所示。

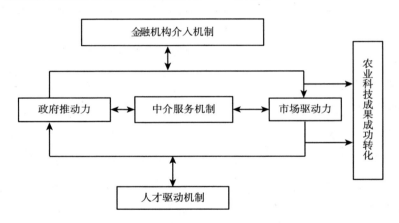

图2-2　农业科技成果转化动力机制

2.3.3　管理机制

改革农业科研管理体制，增强创新能力以及成果转化能力一直是学术界研究的焦点。为加强农业科技成果转化创新管理机制，第一，政府应加强从制订农业科技转化方案到落实、监督、跟踪一系列自上而下的管理制度建设（张铁石，2007）；第二，健全农业科技成果转化领域法律法规建设，加快推进国家科技计划管理改革，在发挥政府"看得见的手"对创新链全过程资源优化配置引导作用的基础上，协调好企业市场导向力、农业科研院所研发力与农业高等学校人才培养力之间的关系是推进中国农业科技成果有效转化的重要手段（林洲钰，2013）；第三，推动农业科技成果转化体系和转化机制等方面的管理创新，促进农业科技成果转化主体之间的技术合作，用技术链延伸带动产业链、价值链延伸来推动农业科技成果的转化（王敬华和贾敬敦，2012）；第四，从高质量发展出发，应增加政策的可操作性，细化相关政策措施，在顶层设计上保障农业科技成果转化各主体及其参与人员可以享受到成果转化带来的"租金"，实施"放管服"等，给科研人员与科研评价方式"松绑"，以加强农业科技成果转化（孟洪和李仕宝，2016）。

2.4 农业科技成果转化绩效评价及转化率

2.4.1 农业科技成果转化绩效评价研究

现阶段关于农业科技成果转化绩效评价的研究主要侧重于评价指标体系构建研究与转化能力实证研究两个方面。

1. 中国科技成果转化绩效评价指标体系构建研究

农业科技成果转化评价指标体系的建立与完善对中国农业科技管理服务部门制定农业科技成果转化政策，对政府参与农业科技成果推广，以及政府发挥监督、引导作用意义重大。唐五湘（2017）对56篇与科技成果转化绩效评价指标体系高度相关的文献进行了统计分析，认为构建指标体系时应遵循可操作性、系统性和科学性三大原则。涂小东等（2005）基于高校科技成果转化现状将其指标体系划分为科技成果转化潜力、科技成果转化实力以及科技成果转化环境三个准则层并给出了相应的测算方法。科技成果转化绩效评价是对科技成果转化主体管理的重要环节。曹霞和喻登科（2010）基于知识治理的视角，在对农业科技成果知识管理绩效内涵界定的基础上，构建了农业科技成果转化知识管理绩效本源评价、本体评价以及本质评价的三维动态评价体系。赵志耘和杜红亮（2011）研究认为农业科技成果类型不同会导致其转化进程存在差异，并从差异化的视角审视并构建了差异化农业科技成果转化指标体系。王新其等（2011）不仅考虑了农业科技成果转化全过程的研发与转化阶段，并将政策支持与法律保障纳入指标体系框架内，综合性地设计了一套评价体系。戴元坤和王清平（2012）从政策评价指标、经济效益指标、社会效益指标、生态效益指标以及科技进步贡献率指标五个层面构建农业科技成果转化评价指标体系，并认为农业科技成果转化指标体系应该是一个动态的、开放的体系。高喜珍和刘超超（2014）基于科技进步的视角，使用 logit 模型对农业科技成果转化产生机制和影响结果的因素进行了研究，并建立了五维指标体系。贾敬敦等（2015）构建了一个指标系统，该系统详细分析了科技发展、社会科学和基础研究三类农业科技成果的优势和风险，并细化了指标体系中各部分权重的测度方法。

2. 农业科技成果转化能力的实证研究

农业科技成果转化能力的测度往往伴随对各指标权重的主观赋值，因此影响了评价结果的有效性，为此王桂月和王树恩（2009）针对科技成果转化具备的模糊性特性，建立了模糊神经网络系统模型，并实证检验了该模型的效果。徐晨和邵云飞（2010）基于 DEA 方法对中国 30 个地区的科技成果转化绩效进行研究，结果表明中国科技成果转化水平较低且地区分布不均衡。朱云欢和张明喜（2011）采用 DEA 方法对各省（区、市）的科技成果转化绩效进行了比较分析，结果发现东部、中部地区的科技成果转化效率要高于西部地区，并提出在制定相关科技成果转化政策时要充分考虑地区差异的影响。财政支持农业科技成果转化的重点是转化资金使用和管理，国内学者分别从不同角度进行了研究，并提出了加大农业科技成果转化资金投入、建立多元化投入体系、健全农业科技成果转化资金绩效评价机制、明确农业科技成果转化资金领域定位、拓宽农业科技成果转化资金支持方式以及完善农业科技成果转化资金政策保障等建议，并在此基础上对提高农业科技成果转化资金使用效率进行了探索（王敬华等，2013；吴飞鸣等，2013；张琳等，2014）。刘笑冰等（2015）全面评估了中国不同技术领域、不同地区和不同单位农业科技成果转化资金的有效性。结果表明，中国农业科技成果转化资金综合效率指数呈现总体波动增长的趋势，西部地区最高，行业层面种植业排名第一，转化主体层面农业科研院所高居榜首，农业企业、农业高等学校紧随其后。沈菊琴等（2009）研究了不同主导类型农业科技成果转化绩效情况。结果表明，公益性农业科技成果的市场导向性差，需要政府的大力支持，而营利性农业科技成果的市场导向性更强，易于转化。龙飞等（2013）基于知识治理的视角研究发现，隐性知识的接收能力与共享能力决定了转化主体能否实现农业科技成果的顺利转化。施湘锟等（2015）以沿海七大海水养殖大省的农业科技成果转化绩效为研究对象，采用层次分析法进行实证研究。结果发现，促进海水养殖业科技成果转化绩效提升的关键因素主要包括人才培育、资金投入、示范园建设以及科技体系创新。

2.4.2 科技成果转化率/技术转移效率研究

中国关于科技成果转化效果的测度指标多停留在"量"的层面，关注有多少科技成果最后得到了产业化应用，即"科技成果转化率 = 产业化应用成果数 ÷ 总科技成果数 × 100%"，这种测算方法具有方法简单、操作容易以及结果直观等优点。如李震华等（1994）考虑到农业科技成果转化包括研发、商品化等多个阶段，周期性较长，因此他认为可以用实用性科技成果数量来近似代替总科技成果数，从而根据实用性科技成果产业化应用情况来测度中国农业科技成果转化率。赵蕾等（2011）、赵蕾等（2012）在界定"产业化应用渔业科技成果数量"的基础上，分别用模糊综合评价法、层次分析法以及德尔菲法测算了中国渔业科技成果转化率，认为不同方法的使用未对转化率结果造成统计学上的差异，且应用研究的科技成果转化率高于基础研究的科技成果转化率。当然这种测算方法是存在局限的，第一，不同评价对象（如高等学校、科研机构以及企业）对科技成果有不同的统计口径，对"成功转化"的界定也不尽一致，这就导致总成果数以及成功转化成果数的统计难题；第二，科技成果转化是一个链式结构，包括知识研发和科技成果商业化两个阶段，导致科技成果转化率人为地将科技活动与生产活动割裂开来。因此，随着学术界对农业科技成果转化率研究的进一步深入，很多学者开始使用数据包络分析方法（DEA）以及随机前沿生产函数模型（stochastic fron-tier approach，SFA）从不同角度来测算中国农业科技成果转化效率，认为现阶段中国农业科技成果转化效率较低且增长趋势缓慢（肖娴等，2015；唐娅楠和王秀芳，2015）。

国外有关科技成果转化（国外一般称为技术转移）的实证检验较多，主要分为两类：第一类是对技术转移效率进行测度，主要使用方法包括非参数方法 DEA（Link & Siegel，2005；Chapple et al.，2005；Anderson et al.，2007；）以及参数方法 SFA（Siegel et al.，2008）等；第二类主要是研究影响技术转移效率的因素，国外学者发现行业发展情况（Cardozo et al.，2010）、激励许可机制（Macho-Stadler，2010）、规模（Curi et al.，2012）以及产业化进程（Kim，2013）显著影响科技成果转化效率。

2.5　简要评述

本书从中国农业科技成果转化现状及存在问题、转化模式、转化机制以及转化率四个方面综述农业科技成果转化的研究进展。综上研究，发现：

第一，现阶段关于中国农业科技成果转化效率的研究主要从定性研究方面展开，探究了中国农业科技成果转化模式、机制以及现状等相关问题，定量研究较少，且定量研究尚未形成统一的口径、方法，导致中国农业科技成果的定量研究未形成统一体系。同时，研究视角也多关注宏观层面，聚焦国家、某省或某个产业的分析，较少会涉及微观层面。

第二，现阶段中国关于科技成果转化效力的测度指标多停留在"量"的层面，仅关注有多少科技成果得到了产业化应用，同时，从科技成果转化的内涵看，科技成果转化率高则表示科技成果带来了更多的经济效益和社会效益，但实际上，不同科技成果质量差别较大，所产生的经济价值和社会效益存在较大差异，因此"数量比例"无法有效衡量科技成果转化全过程所形成的经济效益和社会效益。

第三，长期以来，中国农业科技成果多以公益性科技成果为主，主要依靠政府自上而下的技术推广方式进行转化，导致市场导向不足，经济效益低下。农业企业相较农业领域的其他主体，更贴近市场，市场导向性更强，同时也更了解市场需求，因此有针对性地研发创新更为高效。这些特征决定了应确立农业企业在农业创新领域的主体地位，这不仅是一种趋势，也是一种必然，更是实现农业现代化的内在需要（毛世平，2014）。

综上，目前对于中国农业科技转化问题的研究绝大多数都是围绕宏观层面，少部分研究涉及中观层面，关注重点也更多是宏观或中观层面的农业科技成果转化问题，侧重宽泛的对策研究；研究方法大多采用定性分析、评价指标体系分析和描述性统计研究方法；而对于农业科技成果转化效率的研究成果不多，尤其是基于农业企业微观层面对科技成果转化效率的研究还十分欠缺。本书基于企业技术创新能力的视角，以农业企业作为研究对象，从微观层面来研究农业企业科技成果转化效率问题，这不仅是对现有文献大多从宏观、中观层面研究农业科技成果转化问题的有益补充，而且也进一步拓展了农业科技成果转化问题的研究范围和视野。

第3章

中国农业企业科技成果
转化活动机理分析

　　农业创新链是以农业研发活动为基础，农业科技成果转化为渠道，以实现农业科技成果产业化应用、市场化推广为目的，农业科技成果的产业化应用及市场化推广又能有效促进农业研发活动的链式闭环结构。农业研发活动包括基础研究、应用研究以及试验发展，处于农业创新链的最前端，是农业创新链的基础，其目的在于形成诸如专利、专著、论文以及新基因、新品种、新型疫苗等研发产出；而在农业创新链的末端，经由农业科技成果转化过程的农业科技成果已形成较为成熟的新技术，无论是农业企业进行产业化应用或是政府介入开展市场化推广均能较为顺利地实现转化。伴随建设创新型国家以及实现农业现代化等战略目标的提出，政府、企业以及科研机构均加大了对研发的重视程度。作为农业创新链渠道的农业科技成果转化则是实现农业科技成果从"实验室"向"生产车间"转移的关键环节。农业科技成果转化处于创新链的中端，该环节面临需要多方参与、转化周期长、转化经费需求量大、不可控风险较高等问题，属于农业创新链的薄弱环节。农业科技成果由实验室的知识成果转变为研发链末端的实质成果，并最终实现产业化应用，形成现实生产力，进而使农业科技成果各转化主体获取经济效益与社会效益。在科技成果转化过程中，必须打通农业创新链的中端环节，加大政府引导与支持，有效发挥引进技术及自有技术的效果，吸引多方参与、协同创新，完善内外部环境建设是破解农业科技成果转化难的关键。

3.1　相关重要概念界定

3.1.1　农业企业

本书所研究的农业企业为注册地为中国境内、具备独立法人资格，控股形式为内资控股，其主营业务范围为农业科技研发、农机开发生产、农业技术服务以及农业装备生产等，且应具备完善的治理结构，重视农业科技创新，有相应的农业科技创新资金投入，且有能力实现农业科技成果转化，具备较强的市场导向。

3.1.2　技术创新能力

技术创新是指企业为实现经济效益而进行的一系列研究、开发的复杂过程。该过程涉及企业多个方面、多个环节，若某一环节出现偏差则极有可能导致企业技术创新过程出现失败。企业技术创新能力是企业基于种种手段与措施确保技术创新过程顺利开展的一种能力，是多种能力的耦合，其内容丰富，具有多种视角。谢尔和杨（Sher and Yang，2005）认为企业技术创新能力是企业在不同边界获取要素资源的能力，赵等（Zhao et al.，2005）则认为企业技术创新能力一部分根植于企业内部的研发中心，另一部分则需要与外部建立联系与支持。因此，本书在熊彼特创新理论的基础上，借鉴谢尔和杨（2005）、赵等（2005）的研究成果，将企业技术创新能力界定为内部技术创新能力和外部技术创新能力。内部创新能力强调企业通过优化内部研发禀赋结构实现技术创新的能力，包括技术引进与自主创新；外部技术创新能力主要强调外部利益相关者对企业技术创新支持的能力，包括政府支持、开放式创新以及科技金融。

025

3.1.3 科技成果转化①

科技成果转化是指转化主体通过对知识含量高的实验室成果进行二次研发、中试生产、市场匹配从而形成具有经济效益的新产品，并通过产业化应用形成产业集聚从而实现社会效益的过程。科技成果转化是使科技这个决定性要素与其他生产要素实现有效配置、与生产有机结合的关键环节，是将基础研究的成果产品化、商品化，进而实现产业化应用，最终创造经济产出与社会效益的过程。

3.1.4 农业企业科技成果转化效率②

科技成果转化是指转化主体通过对知识含量高的实验室成果进行二次研发、中试生产、市场匹配从而形成具有经济效益的新产品，并通过产业化应用形成产业集聚从而实现社会效益的过程。基于该定义，农业企业科技成果转化效率是指农业企业基于研发要素的投入，产生知识含量较高的专利、新材料、新工艺、新品种以及新设备等实验室成果（中间产出），在此基础上，通过对中间产出的中试生产以及商业化运作形成具备经济效益的产品并带来最终的经济效益。基于此，本书使用两阶段

---

① 科技成果转化是中国特有的专业名词（贺德方，2011），国外创新主体的市场导向以及禀赋结构较为合理，其科技成果多是"不转而化"，因此国外文献中多是以技术转移或者科技成果的商业化应用来表述。技术转移是指技术、知识、信息以及设备等科技成果在来源研发单元与其他单元之间双向流动的过程，该过程通过购买、转让、交流以及协同等方式实现。科技成果在来源研发单元与其他单元之间双向流动，可以分为横向转移与纵向转移两种方式：横向转移是指科技成果从一个主体转移到另一个主体，即在不同主体间的转移；纵向转移是指科技成果从主体的研发部门向市场应用部门转移的过程，是同一主体内的转移。本书所讨论的转移过程是同一主体内的转移转化，鉴于现阶段中国农业企业研发体系不健全、研发不完善、科技脱离市场以及科技经济"两张皮"等问题的存在，本书选择科技成果转化而非技术转移。
② 现阶段中国关于科技成果转化效力的测度指标多停留在"量"的层面，关注有多少科技成果最终得到了产业化应用，"数量比例"无法衡量科技成果转化全过程所形成的经济效益和社会效益。综上考量，本书拟选择网络DEA模型方法，通过对科技成果转化这个"黑箱"的解构，测算农业企业科技成果转化效率，以期对中国农业企业科技成果转化效率进行科学研判。

网络 DEA 方法对其科技成果转化效率进行测算，该方法的选择不仅符合农业企业科技成果转化的特征，也符合科技成果转化的概念，具体路径图及指标体系见第 5 章中国农业企业科技成果转化效率测度的相关内容。

3.1.5 技术模式

农业企业主要通过购买国内技术、引进国外技术以及自主创新等技术模式实现技术进步，进而提高科技成果转化效率。自主创新是指农业企业通过独立研发或协同创新等方式研制、开发而获得的，具有知识产权的专利、专有技术、商标、软件等专有权利。购买国内技术是指农业企业直接与国内同行或技术提供的中介机构进行交易，从而获取技术的行为。购买的技术主要包括新型设备、专利许可技术、商标使用许可以及相关技术咨询服务等。引进国外技术是指农业企业通过国际间的技术交流和转移，有计划、有重点、有选择地从国外取得先进技术的活动。技术引进包括：（1）引进生产工艺技术、设备制造技术，如购买设备制造图纸和工艺、产品设计、测试方法、材料配方等技术资料以及获得有关技术专利的使用权；（2）引进作为国内消化、吸收、研制、革新用的样机，如购买关键设备、成套设备或招包工程；（3）引进人才，如聘请外国专家、委托培训人员等；（4）引进科学的经营管理技术。在本书中，将这两种获取技术的行为定义为技术引进。因此，本书定义农业企业的技术模式包括技术引进和自主创新两种类型。

3.1.6 创新模式

独立创新模式是指农业企业不依赖其他创新主体，为获取技术和市场创新，仅依靠自身力量进行研究开发，从而攻克技术难题、获得技术成果，并最终实现技术的商业化。

协同创新模式是指农业企业为获取技术和市场创新，通过与其他创新主体耦合互动，实现技术、人才以及研发资源的优势互补，从而形成兼具动态性、整体性的创新模式。协同创新是以资源在创新主体间双向流动为基础，以目标协同为根本目标，并最终实现协作共赢的创新模式。根据农业企业的内部运行机制，本书将农业企业协同创新界定为开放式创新模式。切萨布鲁夫（Chesbrough，2003）首次提出了开放式创新的概念，此后诸多学者陆续开展了相关后续研究（Gassmann & Enkel，2004；Laursen & Salter，2006）。研究指出，相对于封闭式创新，开放式创新无明显边界，旨在将外部资源内化到研发活动中，同时将科技成果转让、出售给其他创新主体，并将获利反馈自身研发体系的创新模式。开放式创新是企业以共赢为根本目标，基于知识互补、技术分享，积极寻求异质性资源的过程，通过模糊企业边界，实现对异质性创新要素的获取与内化，实现创新溢出，从而形成兼具动态性、互补性、流动性与开放性的稳固的协作网络。基于此，本书借鉴王鹏飞（2011）的研究成果，以农业企业外部科技成果转化资金来源以及技术转让收入来表征农业企业开放式创新。

3.2 理论基础

本书所涉及的理论主要包括创新理论、技术创新理论和系统论，以及由之发展起来的创新生态系统论，这些理论为本书奠定了理论基础，本部分首先对上述理论进行简要归纳。

3.2.1 创新理论

约瑟夫·熊彼特在其著作《经济发展理论》（1912 年）一书中率先系统性地提出了"创新理论"，并在《经济周期》（1939 年）以及《资本主义、社会主义和民主主义》（1942 年）中从周期性及制度性方面对"创新理论体系"做了进一步地完善与深化。古典经济学以及新古典经济学中，"创新"被认为是外生于经济系统的，经济发展仅仅依赖于劳动细化分工以及资本的累积优势；同时，斯密强调的"看不见的手"被神化了，过分强调完全竞争市场及完全信息流动而导致企业家的作用被完全掩盖。基于此，熊彼特将"创新"定义为企业家基于一种新方法、新要素组合进而形成效率提高、成本降低的经济发展过程。熊彼特认为"企业家精神"以及"新的要素组合"是成功创新的关键，可以摆脱企业发展困境，进而创造增长点。新的要素排列组合包括：（1）使用新的生产方法、新的工具或新的生产工艺等，区分了发明与创新的概念，即发明是新方法或新工具的发现过程，而创新则是对这些发现的使用及应用；（2）生产一种新的产品，即现有产品改进升级所产生的新产品或者消费者也不熟知的新产品；（3）开拓新市场，在红海市场中开辟蓝海或进入一个不曾存在的市场；（4）控制原材料或半成品的来源，通过纵向一体化等战略实现对原材料或半成品来源的控制，或者创造新的原材料或半成品；（5）产业重组，如并购、业务扩张及资产控制方式调整等。

熊彼特提出的创新理论强调对生产要素的重新排列组合可以实现创新，进而带来经济发展、促进社会进步。熊彼特的思想解决了古典经济学以及新古典经济学中将创新外生的问题，认为人口增长、劳动分工以及资本积累只能带来经济增长，而无法实现发展以及社会进步。熊彼特的创新理论及相关著作在分析微观层面以及宏观层面的研发科技成果转化活动与经济发展形势方面具有重要的理论与实践意义，对西方经济学发展的影响不亚于凯恩斯。总而言之，熊彼特的创新理论不仅突破了古典经济学及新古典经济学的研究框架，发展了西方经济学，同时也为后来的经济学家研究创新思想奠定了坚实的基础。熊彼特之后，伴随科技革命的兴起与发展，经济学家对技术创新的重视程度日渐加深，从学术及实践方面对熊彼特的创新理论进行了更加深入的系统分析和研究，从而形成了"新熊彼特主义"。基于《经济发展理论》和《经济周期》探讨要素组合，技术创新形成了技术创新经济学派，而以《资本主义、社会主义和民主主义》为研究基础的经济学家则逐步形成了制度创新经济学派。

熊彼特的创新理论对于发达国家经济发展及社会进步的促进作用是巨大的，同时对于像中国这样的发展中国家而言，也具有相当的借鉴意义，如科研兴国战略、2006 年颁布的《国家中长期科学和技术发展规划纲要

（2006—2020）》、党的十八届五中全会中提出的"创新、协调、绿色、开放、共享"十字方针，以及为适应并引领新常态而提出的创新驱动发展、自主创新等战略，均将科技创新放在重要位置，强调其对我国经济发展以及技术进步的重要意义，坚持把创新放在国民经济发展、社会进步的核心位置，完善实现创新驱动的机制体制、探寻实现国家创新能力提高的基础路径、研究实现自主创新的动力源泉成为现阶段学术界尤为关注的热点。

3.2.2　技术创新理论

后续的技术创新理论以及熊彼特创新经济思想的发展均以熊彼特的创新理论为蓝本与基础。在熊彼特创新理论基础上发展起来的演化经济学认为熊彼特的创新理论存在着不足。第一，熊彼特过分注重创新本身，认为创新是新要素的重新组合排列，是一个新的函数。创新被过分概念化和定义化，而创新的前提——发明，却没有被具体研究，同时也割裂了创新与发明之间的联系，仅认为发明是创新的前提，未详细探讨技术变革，亦忽略了引起技术进步的相关活动和进程。第二，熊彼特的创新理论认为，创新是企业控制人——企业家的行为，认为企业家是拥有坚强意志与创造力的资本家，并认为企业家可以通过对要素的排列组合实现创新过程，进而带来经济发展。该观点过分夸大了企业家在创新中的重要性。针对这两方面研究的不足，在熊彼特之后，其追随者将其思想慢慢发展为现代西方经济理论的两个重要分支。一个分支是在新古典经济学的研究框架体系内纳入了技术进步以及引起技术进步的活动，主要包括新古典经济增长理论以及索罗的内生增长理论。另一个分支则是重点探讨技术创新的范式、机制及适用性等问题。自熊彼特第一次提出创新理论，迄今已有一百多年，其间大量学者针对技术创新相关问题进行了探索，也得出了很多有意义的结论，形成了很多具有特色的思想。但考虑到技术创新是一个涉及主体广、过程复杂的系统工程，这些研究的出发点、关注点及落脚点也存在不同差异，迄今为止学者们的研究对技术创新的定义也有所异同，具体可以划分为四种形式，如表 3-1 所示。

表 3 – 1 技术创新的定义

组织或专家	定义
熊彼特	具备企业家精神的资本家通过对生产要素的重新排列组合从而形成一种新的生产函数
曼斯菲尔德	新产品、新设备、新工艺等第一次被市场接纳并适配社会生产
经济合作与发展组织	技术创新不仅是产品或工艺的创新，更是引起这种创新的技术来源
美国国家科学基金会	改进或通过要素组合形成一种新产品、新流程安排、新服务体系，并使其符合市场化导向

自熊彼特首次提出创新理论之后，根据其发展路径，西方经济学家关于技术创新的研究与发展已经形成了以熊彼特创新理论为基础，新古典学派、新熊彼特学派、制度创新学派以及国家创新系统学派互为补充的局面。

3.2.3 系统论与创新生态系统论

系统论一开始并未应用在经济学领域，是由贝塔朗菲（Bertalanfly）于 1930 年提出的，基本观点是系统是由若干无秩序的要素基于一定的规则组合在一起，构成相互作用、互相影响的组合体。在贝塔朗菲之前，美国管理学家巴纳德（Barnard，1940）也基于系统论对企业管理的问题进行过研究，他认为企业是由物质要素、生物要素、个人要素以及社会要素等耦合互动形成的一个"协作系统"。但他重在分析系统内部的要素组成，缺乏对系统外部支持环境的研究，相比较之下，贝塔朗菲的研究显得更为全面。马克思的辩证法中也有系统论的相应研究。至今，系统论思想及方法已经成为自然科学以及社会科学所共同专注的问题。

一般意义上讲，具有特定目的、存在许多耦合互动要素的一个有机整体被定义为系统。系统论的主要目的为研究系统的基本特征，诸如其一般规律、运行机制、运作模式以及整体性能，旨在通过对系统内在机理、原则掌握的基础上，基于不同的方法、方式控制、管理和改造系统，从整体的角度揭示系统内部各对象、要素相互关联、相互作用的内在属性和规律。系统论的产生、发展及应用在自然科学领域极大地促进了现代科技的发展，同时还为社科研究提供了一种新思维，即系统的整体观念，系统论探讨的是一个整体性的科学问题，系统中的各要素之间并非孤立的，而是基于一定的规则，相互关联的有机整体。① 近年来，在系统论的基础上，创新生态系统得到了发展，作为在自然生态系统上衍生出来的一种概念，创新生态系统尤其强调生态协同与互补。具体表现为系统中的某一个体，基于协同合作、互惠互利的方式，实现与系统内其他相关个体的信息、资源及要素共享，通过不同个体的耦合互动与优势资源互为依赖，从而形成生态健康、要素资源双向流动的稳定、高效的生态系统，不同主体均实现既定目标与利益最大化（Adner，2006）。一个完善的创新生态系统是多创新主体参与，包括持续的生态动力支持、有效的生态能力构建、完善的生态保障系统以及合理的生态环境建设四个主要子系统（Adner & Kapoor，2010）。

3.3 机理分析

3.3.1 自主创新对农业企业科技成果转化影响的分析

自主创新是农业企业获得竞争优势的重要手段，通过研发要素投入，

---

① 系统在纵向上表现为层次性，具体表现为系统是由不同属性相互关联的层级组成，各层级作为系统的子系统，子系统中的相关要素耦合互动构成了系统的第二层，依次类推，每一要素均由其下一层级的要素组成，要素的层级反映了系统的空间延伸与时间延续。同时，系统的各要素还存在横向关联，交叉关联等方式，这样系统中各要素之间的相互关联、相互作用导致系统不仅存在特定的结构，还具备动态性特征，因此系统是处于一个不断变化的过程当中的，内部资源及外部环境的变化都会导致系统发生动态变化，而系统的动态变化则会体现在其功能的变动。系统论的出现与发展属于一种思维方式变革，在提供方法论的基础上，也在政治、经济与管理领域得到广泛应用，并发挥了重要作用。

实现技术突破，创造核心技术，构建技术壁垒，从而实现技术转化，形成新产品，产生经济效益，获得新的利润增长点，实现科技成果转化效率的提高（庞长伟，2016）。但在实践过程中完全通过自主创新却存在许多不足。首先，农业企业科技成果转化属于转化周期长、转化不可控性高的活动，单纯通过自主创新会消耗大量的研发资源，且面临较大的失败风险，同时难以保证科技成果能否满足市场需求（Wagenhofer & Alfred，2001）。其次，研发的正外部性会导致农业企业通过自主创新所获得的技术易被其他创新主体模仿，造成机会成本升高。最后，完全自主创新很大程度上会固化组织边界，导致企业难以获取异质性的知识技术，从而产生核心刚性与技术路径依赖问题（汤萱，2016）。

3.3.2　技术引进对农业企业科技成果转化影响的分析

新经济增长理论认为，技术进步与技术创新可有效促进一国的经济增长，熊彼特的创新理论也认为技术创新是推动经济发展的根本力量。农业企业实现技术进步的途径主要包括自有技术与技术引进两种方式。理论上讲，自有技术是农业企业获得竞争优势的重要手段，通过对研发要素的投入，农业企业创造新产品进而产生经济效益，农业企业获得新的利润增长点，进而实现效率的提高。然而在生产实践过程中完全通过自有技术来实现农业企业科技成果转化效率的提高却存在许多不足。首先，农业企业科技成果转化是一项转化周期长、转化要素投入量大以及转化不可控性高的活动，农业企业单纯使用自有技术会消耗大量的研发要素，同时还有很高的失败风险，纵然研发成功也难以保证研发成果的先进性能否满足市场需要（Lev，2001），同时研发的正外部性会导致农业企业通过自有技术所得到的技术易被其他创新主体模仿，造成机会成本升高。其次，农业企业通过自有技术实现技术进步的前提是进行基础研究，然而基础研究一般需要较长的时间才能产生成效，企业的"寻租性"导致企业很难保证基础研究的持续性，同时现阶段中国基础研究经费投入比例仅占 R&D 经费投入总量的 6%①，基础研究作为创新过程中的根本驱动力，投入不足会导致农业企业研发能力下降。因此，在开放的经济环境下，技术引进无疑是农业企业实现技术进步进而提高科技成果转化效率的重要路径选择。

技术引进能有效降低农业企业在使用自有技术方面的时间成本与机会成本，还可以有效避免使用自有技术研发存在的风险，降低不可控性。同时，技术具有累积性，引进国外先进技术可以拓宽农业企业的技术深度与广度，增加技术存量，从整体上有利于技术资源的丰富与多样化，进而实现技术进步，提高科技成果转化效率。若农业企业要素禀赋结构合理、具备一定的吸收能力，则可以实现对引进技术的消化吸收，掌握其中的关键环节，进而运用到自身的研发活动中，实现技术进步，形成"引进—吸收—提高—再引进"的良性循环。事实证明，近百年来技术引进对经济合作与发展组织（Organization for Economic Co-operation and Development，OECD）成员国全要素生产率的提高具有重要作用（Madsen，2005），且中国实施的"市场换技术"战略也对促进中国经济增长起到了重要作用（陈爱贞等，2018）。当然技术引进并不是一劳永逸的创新战略选择。第一，技术具有较强的路径依赖特性。过度依赖技术引进而忽略独立创新易导致农业企业核心技术发展停滞，只能依赖引进的国外技术，长期内农业企业难以形成自主创新能力，更无法实现创新驱动，这将加剧农业企业对"专利池"的依赖度，产生高额的交易成本。第二，技术引进具有竞争效应。即农业企业引进国外技术进而生产新产品会跟国外企业形成竞争关系，被引进方企业为保证自身的市场竞争优势，会严格保护自身的核心技术，因此技术获取方引进的国外技术多属于"皮毛"性质的技术。同时在引进这些技术的过程中，技术获取方往往需要投入大量经费购买与引进技术相匹配的设备及材料等，造成企业成本上升，难以形成技术进步，影响其科技成果转化效率

---

① 国家统计局 . 2020 年全国科技经费投入统计公报［EB/OL］. http：//www. stats. gov. cn/tjsj/tjgb/rdpcgb/202109/t20210922_1822388. html，2021－09－22/2022－01－20.

（吴延兵，2008）。第三，引进技术会产生挤出效应。引进国外技术需要大量的经费、人才等生产要素以实现引进技术的产业化应用，在企业的创新资源既定的情况下，技术引进会导致原本用于自主研发的要素投入被挤出，影响企业内部的知识积累甚至导致企业无法实现"干中学"（Battis et al.，1992），影响技术进步与市场竞争力。企业为实现技术进步只能"继续技术引进"，于是又会有一批原本用于自主研发的要素资源被挤出，导致企业落入"引进—知识难积累—竞争力下降—再引进—再下降"的怪圈（张景安，2003）。第四，引进技术多是"显性知识"。只有当被引进的"显性知识"被本土企业内化吸收为"隐性知识"进而编码为适合产业化应用的"规范知识"，才能实现农业企业的技术进步，并提高其科技成果转化效率（Nonaka，1994）。同时，引进的技术存在信息不对称的问题，即技术提供方会有完善的禀赋结构以保证技术的产业化应用，而技术引进方则难以匹配相应合理的要素资源以及上下游产业链条。

综上可知，技术引进存在很多制约条件，打破这些制约条件，才能充分发挥技术引进应有的效力。技术应用成本是技术引进中的主要成本之一，技术应用成本则与禀赋结构（熟练劳动力与非熟练劳动力的比例）有关（林毅夫和张鹏飞，2006）。同时，技术引进的效力与农业企业的吸收能力有关，农业企业吸收能力越好，越可以迅速将引进的技术内化吸收，进行产业化应用，并有效解决技术引进所带来的路径依赖、竞争效应、挤出效应、显性知识以及信息不对称等问题，从而实现农业企业的技术进步，有效促进其科技成果转化效率的提高。否则会产生大量的"沉没成本"，影响农业企业的科技成果转化效率。农业企业对于引进的技术并非单纯的"拿来用"，而是需要投入研发经费来购买与技术相匹配的研发设备，也需要发挥研发人员的"心智模式"将引进的技术内化吸收与编码，更需要农业企业要素禀赋结构合理以确保技术的顺利应用，从而实现技术进步。基于此，本书将技术引进划分为引进技术、吸收技术和中试生产三个阶段，构建技术引进的三阶段吸收能力模型（见图3-1）。

图 3 - 1　技术引进的三阶段吸收能力模型

在引进技术阶段，农业企业需要投入大量的研发经费实现对技术、与技术相配套研发设备的购买与配置，该阶段的吸收能力主要依赖于研发经费的投入，故而引进技术阶段的吸收能力以农业企业科技成果转化总投入中研发经费投入占比来表征。

在吸收技术阶段，尤为需要高质量研发人员投入以实现对引进技术的内化吸收与编码，故而以研发人员数量占农业企业科技成果转化人员数量比例表征该阶段的吸收能力。

在中试生产阶段，农业企业的主要目的在于将吸收技术阶段编码规范化的技术进行中间试验，以确保初步具备生产可能性的技术可以运用到生产阶段，从而实现技术进步；该阶段农业企业应建立中试生产线，以避免出现"中试空白"的现象，从而提高农业企业科技成果的产业化成功率，故而本阶段的吸收能力以中试生产线建设经费表征。

总体而言，技术引进三个阶段的吸收能力均需要跨越一定的门槛条件。第一，研发经费投入是确保农业企业科技获取外部技术的多寡与优劣，因此应保持其投入的充足性，当然总投入一定的情况下，研发经费过高不仅会带来边际效应递减，而且会造成其他经费投入不足，进而影响农业企业科技成果转化效率。第二，高质量研发人员缺乏会影响农业企业对引进技术消化吸收并内化编码的效果，但研发人员过多也会导致成本上升以及研发"搭便车"行为（周燕等，2015）。第三，中试生产阶段尽管存在高投入、高风险的特征，但中试生产线的建立可以有效避免"中试空白"现象，因此农业企业应尽可能加大对中试生产的重视程度。

3.3.3　政府补助对农业企业科技成果转化影响的分析

近年来，中国农业企业研发活动取得了长足进步，但较之于其他行业企业，研发经费短缺、研发体量小依旧制约着中国农业企业研发及转化，因此政府补助的资源属性与信号属性在一定程度上对农业企业科技成果转化活动起促进作用。第一，资源属性。即政府补助是企业获取研发资金的重要来源，一方面，有助于缓解企业创新剩余控制权不足的问题（Bruce，2002）；另一方面，政府直接资助是以现金流的形式直接投入企业，降低了企业固定资本（Dimos & Pugh，2016），同时在一定程度上解除了企业的资金压力与融资约束（Pires，2015），改善企业研发风险高、回报周期较长的现状，从而增强企业开展研发的积极性，增加 R&D 投入，促进效率提高。第二，信号属性。一方面，政府补助能够形成一种标杆力量，即政府一般会资助那些具有较好发展前景的企业，当企业获得政府补助时，会被打上发展前景好、被认可的标签，因此，在投资者与企业信息不对称的情况下，这个利好信号的传递无疑起到了中介作用（Kleer，2010）。缓解信息不对称的矛盾，从而诱致社会资本、合作客户与其他非政府组织等利益相关者加强与企业的联系程度与支持力度，不仅有助于拓宽企业研发存量，也有助于其开拓上下游市场（Cassiman & Veugelers，2006），从而提高效率。另一方面，基于政治主导理论，在当前经济转型的背景下，中国的市场经济体制、法律制度以及专利保护制度尚不够完善，获得政府补助在很大程度上意味着企业与政府关系良好、联系紧密，企业更容易获得融资便利以及利益相关者的关注与支持，拓宽研发存量，提升企业效率（Yang et al.，2014；Besharov & Smith，2014）。

3.3.4　创新模式对农业企业科技成果转化影响的分析

R&D 活动是农业企业实现新技术产生、新产品创造以及科技成果转化效率提升的关键驱动力，然而伴随中国 R&D 进程的加快，研发的不确定性、高风险性以及正外部性成为阻碍创新主体开展 R&D 活动的主要制约因素。研究表明，协同创新可有效缓解上述情况（骆品亮和卢庆杰，2001）。协同创新是以创新资源在创新主体间双向流动为基础，以目标协同为根本目标，并最终实现协作共赢的创新模式，可实现主体间技术、人才以及资源的耦合互动，从而完善研发体系、拓宽研发存量，在开展研发活动时也更易实现知识资源的迭代更新（陈劲和阳银娟，2012）。近年来，中国创新开放程度逐渐加深，《国家中长期科学和技术发展规划纲要（2006—2020 年）》提出"积极推动协同创新，构建高校、科研机构和企业深度合作的协同创新战略联盟"，强调了协同创新在建设创新型国家中的重要地位，"十三五"规划以及《国家创新驱动发展战略纲要》强调了协同创新对实现创新驱动型国家的重要作用，将协同创新提高到国家战略层面。随着国家及各创新主体对研发重视程度的加大，研发投入持续增加，研发产出也有了大幅度的提高，尤其是专利申请量以及论文数量，已经位居世界前列，然而科技成果转化率低于 30% 的现状依然没有明显改善（冯丽妃，2022）。农业企业作为创新主体具有市场导向性强、创新更高效等优点，但研发经费短缺、研发体量小以及创新开放程度不够依旧是其科技成果转化率低的主要制约因素（谢玲红和毛世平，2016），因此，中国农业企业在开展 R&D 活动时应强化协同创新，多途径增加经费投入和人力投入。

独立创新模式是指农业企业不依赖其他创新主体，为获取技术和市场创新，仅依靠自身力量进行研究开发，从而攻克技术难题、获得技术成果，并最终实现技术的商业化。一方面，开展独立创新模式的农业企业多沿用传统组织结构，更注重专业和效率，对技术知识的运用更有效率。另一方面，独立创新模式缺乏沟通、创新开放性不足、难以实现对外部研发资源的获取，加之研发高风险以及正外部性等问题在一定程度上会影响独立创新的效力，因此创新需要具有更多的开放性，需要搭建开放型的协同创新平台。

从图 3-2 可以看出，中国农业企业的创新模式主要包括独立创新和

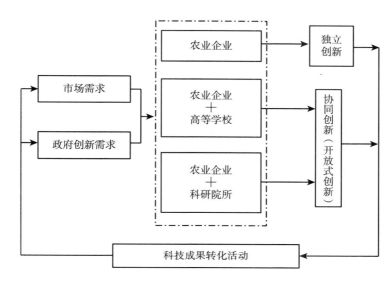

图 3 - 2　农业企业科技成果转化创新模式

协同创新（开放式创新）两种。研发活动中知识资源内化吸收过程具有
很强的路径依赖特性，因此，农业企业完全依靠独立创新进行研发有可
能产生研发僵化、效率低下的问题，因此有必要选择开放式创新模式，
选择与高等学校或科研院所进行协同创新。开放式创新模式意味着主体
可以实现组织内部与组织外部之间技术优势、人才优势的有机结合
（Chesbrough，2003）。随着科技的发展，开放式创新逐渐发展成为创新体
系中的一种新范式，主要有整体性、动态性以及互补性三个特点，通过
主体间的相互协作产生 1 + 1 > 2 的效果。开放式创新是基于契约关系建立
起的创新联盟为基本框架，强调以人才结合、技术互补、资源配置和效
益双赢为落脚点，充分发挥各创新主体资源互补优势，以共赢为最终目
的，并实现协同主体间人才、技术、经济的有机结合，在一定程度上改
善独立创新所面对的研发风险大、研发回报周期长、研发知识僵化以及
研发的正外部性等问题。本书认为开放式创新是以组织间创新要素的整
合与技术优势互补为基础，以目标协同为愿景，以资源协同为核心，以
实现技术共享、资源优化配置为目标的创新模式，要发挥开放式创新模
式的效力，应以目标协同为基础、以组织协同为主体、以资源协同为核

心（见图 3 – 3）。

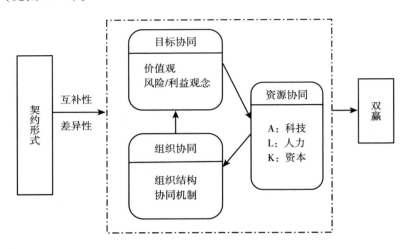

图 3 – 3　开放式创新模式基本框架

第一，目标协同（基础）。所谓目标协同是指协同各方通过协同创新实现自身的愿景。目标协同的基础在于定位明确，即协同各方对自身能力以及自身愿景的定位，科研院所及高等学校偏向于科研导向，注重开放式创新产生的学术价值；农业企业则更倾向于市场导向，侧重开放式创新能够实现科技成果的市场化应用以及利润最大化。因此，开放式创新的基础在于目标协同，即在开放式创新的体制里，协同各方均以最终的愿景为导向，实现创新要素的合理流动及配置，充分实现社会效益与经济效益的有机结合。第二，组织协同（主体）。组织协同是开放式创新机制的主体部分，开放式创新涉及利益导向不同的组织各方，应搭建合理的跨组织管理框架才能实现组织各方的互动合作，发挥 1 + 1 > 2 的效果。传统的点对点以及链式协同模式已经不再适合目前的开放式创新。因此，在开放式创新过程中，应该将政府、第三方中介机构以及金融机构等主体纳入开放式创新的网络框架里，实现各方优势资源互补。第三，资源协同（核心）。资源协同是开放式创新系统的核心，资源协同可以实现创新要素的有效配置以及创新资源在开放式创新系统内的合理流动。资源协同可以实现技术在协同各方的有效转移、内化吸收、合理配置以及改造升级，是一个"技术转移—消化吸收—技术升级"的过程。在资源协同中，各方应充分实现资源共享，搭建合理有效的技术联盟平台。

农业企业开展开放式创新可以在发挥农业企业市场导向以及资金优势的基础上，基于高等学校与科研院所的人才与技术优势，一方面实现优势资源互补，另一方面高市场导向有助于企业、高等学校及科研院所联合研发出的科技成果具备更好的经济效益，更便于实现成果转移转化及产业化应用。当然，开放式创新对农业企业科技成果转化活动的积极影响也存在很多不确定性。第一，开放式创新存在的基础是契约关系，契约关系的存在导致开放式创新各主体之间存在信息不对称以及委托代理的情况，致使开放式创新的风险性加大，制约了开放式创新的发展；同时开放式创新各主体的研发存量存在差异，根据资源依赖理论，研发存量的差异导致开放式创新各主体"话语权"呈现非均衡，易产生冲突，进而导致失败。第二，4C 差异（4C：互补、文化、兼容、相称）、战略变动、企业文化以及道德风险等因素导致创新联盟的失败率较高（Inkpen & Beamish，1997；Aharoni & Brock，2010；Makino et al.，2007）。第三，达斯和滕（Das & Teng，2000）基于资源依赖角度，发现在开放式创新过程中，创新主体的知识、技术以及资源呈现动态变化特征，这导致创新联盟内部协商力不一致问题的出现，容易产生冲突，影响创新主体的绩效。

3.3.5　科技金融对农业企业科技成果转化效率影响的分析

科技金融是指为促进研究开发与科学进步而实施的一系列金融手段，诸如金融资金支持、金融工具升级、金融政策创新等，科技金融服务于国家创新体系完善与金融体系建设（寇明婷等，2018），在科技成果转化活动中发挥重要作用。根据投资主体不同，科技金融具体可分为政府科技金融和市场科技金融，其中，政府科技金融是指政府作为科技金融服务的投资主体，市场科技金融则是指资本市场与风险资本作为科技金融服务的投资主体（芦锋和韩尚容，2015）。政府科技金融更多是作为杠杆，撬动社会资本和社会主体参与到企业的科技创新活动中。本书着重探究市场科技金融对农业企业科技成果转化效率的影响。

农业企业的科技成果转化活动包括知识研发和成果商业化应用两个阶段，存在高风险性、长周期性、不确定性与正外部性，转化过程中存在较强的融资约束，亟须发挥科技金融的支持作用。总体来看，科技金融对农业企业科技成果转化效率的影响体现在以下几个方面。第一，规模效应。古典经济学认为规模经济有利于企业创新与成长，农业企业科技成果转化活动包括知识研发和成果商业化两个阶段，风险性高、不确定性大，各个阶段均需要充足的资金投入。科技金融为农业企业的科技成果转化活动提供了较好的融资便利度与融资持续性，因此农业企业在科技成果转化活动中可以有预期且"无后顾之忧"的扩大规模，从而形成规模经济，促进农业企业创新与成长（蔺元，2010）。第二，关系效应。农业企业融资难的重要原因在于企业与金融机构之间存在较强的信息不对称。科技金融有助于农业企业嵌入金融行业关系网络之中，从而与网络中的各金融主体建立联系与互动，通过该过程加强了农业企业与金融机构的连接与信任（李维安和马超，2014），不仅降低了双方之间的信息不对称问题，农业企业还能更容易获得金融机构的融资以及信贷政策优惠等（Petersen & Rajan，1995）。第三，信号效应。科技金融向外界传达了一种利好信号，即获得金融机构融资的企业会被赋予"具备创新潜力、具有发展趋势"的标签，增强了农业企业在金融市场以及上下游合作方中的形象度，减少了农业企业的搜索成本与交易费用（王超恩等，2016）。第四，监督效应。依据金融机构监管理论，金融机构可以通过对企业信息的有效采集与分析，从而实现有效监督（胡奕明和谢诗蕾，2005）。因此，科技金融使金融机构能够更全面、更便捷地掌握农业企业的信息，针对农业企业可能的研发粉饰、管理层自利、研发资金挪用等问题发挥积极的监督作用，从而提高科技金融效率。

3.4 理论分析框架

农业企业作为中国农业领域的创新主体，其科技成果转化能力是推动中国农业产业由要素驱动模式向创新驱动模式转型升级的重要因素。对其科技创新活动进行深入剖析，从创新链的全过程审视、剖析农业企业科技成果转化活动的"黑箱"，不仅具备理论意义，也有实践价值。中国农业企业的科技成果转化全过程不仅仅是前端投入—末端产出的状态，农业企业科技成果转化活动的创新链是创意产生—知识研发—商品化应用—开拓市场—产业化应用的全过程，知识研发与科技成果商业化是创新链的重要环节。基于此，本书基于熊彼特创新理论基本思想及由之发展起来的技术创新理论、系统论等理论基础，结合农业企业科技成果转化活动的内在机理，认为农业企业科技成果转化活动有以下特点。第一，确定转化任务，实现内部交互。农业企业根据用户需求，明确市场导向，从而开展研发与转化，需要发挥企业家的创新精神、研发人员的创造性、研发资金的配置效率、转化部门的建设以及内部制度的支持作用（陈劲和陈钰芬，2007）。第二，打破转化边界，实现创新涌动。农业企业应打破自身的转化边界，积极与高等学校、科研机构开展开放式创新，发挥高等学校、科研机构的基础研发能力，且农业企业应具备相应的吸收能力，实现对高等学校、科研院所异质性知识技术的吸收与迭代升级，实现创新涌动与"基础知识—应用知识—科技成果"的有效转化（Foray，2004）。第三，实现演化共生，打造平衡系统。农业企业科技成果转化活动不仅包括与高等学校、科研机构这些异质性成员的耦合互动，还包括与金融中介机构的联系以及制度环境对农业企业科技成果转化活动的激励、约束与规范。农业企业通过与异质性成员的耦合、与外部环境的交互，共同推动整个生态系统的转型升级，从而实现系统的平衡（Tidd & Bessant，2014）。

因此，基于系统论等相关理论，农业企业科技成果转化活动要经历内部整合、外部联结以及异质性共生阶段（陈劲，2018）。内部整合阶段需要农业企业整合内部优势要素（人才、资金、技术、管理结构等），发挥企业内部各部门（研发部门、转化部门等）的联结作用；外部联结阶段则需要农业企业与上下游用户、金融中介机构形成良好的合作与交流；异质性共生阶段农业企业通过与其他协同转化主体进行深度合作以及内部各部门之间的集成合作，实现创新要素组合、优势资源互补，同时市场环境、法制环境、政策环境和社会环境等发挥相应的支持、保障作用，实现研发与转化，并最终获得经济效益（见图3－4）。

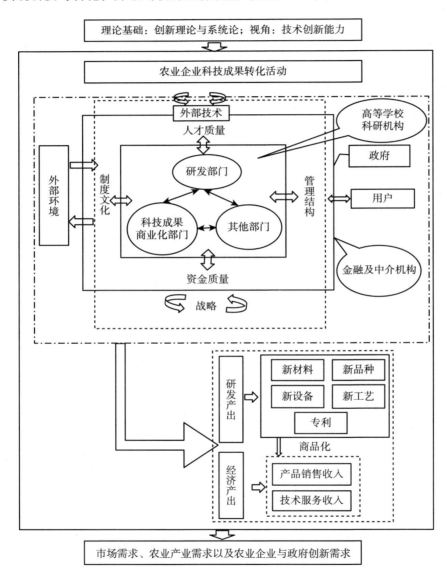

图3－4 农业企业科技成果转化活动机理及影响因素理论分析框架

综上，农业企业转化活动要着重解决知识管理构建、异质性资源获取以及外部环境优化三方面的问题，涉及农业企业技术模式、创新政策、创新模式、融资环境等方面。同时，基于技术创新能力视角，在上述分析基础上，界定企业技术创新能力为内部技术创新能力以及外部技术创新能力。内部技术创新能力强调企业通过优化内部研发禀赋结构实现技术创新的能力，包括技术引进与自主创新；外部技术创新能力主要强调外部利益相关者对企业技术创新支持的能力，包括政府支持、开放式创新以及科技金融。本书重点从内外部技术创新能力视角构建中国农业企业科技成果转化活动理论分析框架。

首先，农业企业选择适宜的技术模式直接决定了其技术进步路径，是农业企业提升其科技成果转化效率的关键环节。新经济增长理论认为技术进步是国家经济增长、企业技术创新的重要驱动，农业企业科技成果转化活动全过程包含知识研发和科技成果商业化两个阶段。2018年中国科学院第十九次院士大会、中国工程院第十四次院士大会上，习近平总书记强调要拆除阻碍产业化的"篱笆墙"。技术进步意味着"拆墙工具"实现了迭代升级。在经济全球化背景下，农业企业技术进步的路径除了依靠自主创新之外，还可以依靠引进国外的先进技术以实现技术进步（Lin，2002）。

其次，政府支持是提高农业企业科技成果转化积极性，有效配置创新要素的重要政策工具。农业企业科技成果转化活动贯穿创新前端的研发与后端的商业化，是实现科技成果从"实验室"知识形态向"生产车间"实质成果转移的关键，该过程面临多方参与、周期长、风险高等问题（郑延冰，2016），农业企业单纯依赖自身力量进行创新面临较高的失败风险。同时，农业企业开展科技成果转化活动的动机在于获取全部的剩余控制权，但由于科技成果转化活动具有很强的正外部性，造成农业企业无法独享创新带来的收益（Alpaslan & Ali，2017）。以上原因导致农业企业在创新方面的积极性不足，从而影响其科技成果转化活动。由于创新正外部性的存在，单纯依靠市场"看不见的手"的调节作用，很难实现帕累托最优状态，创新要素无法得到有效配置，从而导致市场失灵。在这种情况下，必须发挥政府"看得见的手"的作用，通过政府支持

（政府补助与优惠政策）保证农业企业研发的积极性与持续性（武咸云等，2016）。

再其次，开放式创新是农业企业克服自身研发体量不足，充分获取外部技术知识等异质性资源的有效途径。在农业企业研发体量不足、自主创新能力较弱的情况下，选择开放式创新具有重要意义。同时，农业企业的科技成果转化活动存在高风险性、长周期性、不确定性与正外部性，因此研发存量不足的农业企业不能完全开展独立创新，农业企业应基于自身市场导向性强的优势，通过与高等学校、科研机构等合作进行开放式创新，实现科技人才、技术知识等异质性资源的获取，从而实现创新涌动与效率提高。

最后，科技金融是农业企业获得科技研发经费支持，拓宽科技成果转化经费的重要来源。科技金融是指为促进研究开发与科学进步而实施的系列金融手段，诸如金融资金支持、金融工具升级、金融政策创新等，科技金融服务于国家创新体系完善与金融体系建设，在科技成果转化活动中发挥重要作用。近年来，中国农业企业的科技成果转化情况进步明显，并极大地促进了农业企业的发展，但较之其他行业企业，研发经费短缺、研发体量小、融资能力差等问题依旧制约着中国农业企业科技成果转化水平的提高（谢玲红和毛世平，2016；马红等，2018）。农业企业的科技成果转化活动包括知识研发与成果商业化两个阶段，存在高风险性、长周期性、不确定性与正外部性，因此亟须根据创新链部署资金链，实现科技与金融的深度融合。

综上所述，农业企业基于自身内外部技术创新能力实现创新资源的有效配置，并通过研发、中试环节产生诸如专利、新材料、新设备、新工艺、新品种等研发产出（产品化），进而通过"中间科技成果再投入"以及"原始投入分配"，实现科技成果的转化及转让，形成经济产出（商品化），并实现社会效益（产业化），最终满足市场需求、农业产业需求、农业企业创新需求以及政府创新需求。

第4章
中国农业企业科技成果
转化投入产出分析

本章基于不同单位性质、不同技术领域以及不同区域三个视角，从经费投入、人力资源投入两个投入维度以及知识生产产出、技术产出两类产出类型，分析中国农业企业科技成果转化的投入产出现状及动态演进特征。其中，农业企业按单位性质划分为国有企业和非国有企业；技术领域划分为种植业、林业、畜牧业、水产业、植物保护、资源高效利用、农产品加工、农林生态环境、农业装备、农业信息技术和生物技术11个类型；区域按照中国地理区划，划分为东部、中部和西部三个区域。①

4.1 数据来源与样本选择

研究样本来自中华人民共和国科学技术部2009～2017年农业科技成

---

① 东部区域包括北京、天津、河北、辽宁、上海、江苏、浙江、福建、山东、广东、海南11个省（市）；中部区域包括山西、吉林、黑龙江、安徽、江西、河南、湖北、湖南8个省；西部区域包括内蒙古、广西、重庆、四川、贵州、云南、西藏、陕西、甘肃、青海、宁夏、新疆12个省（区、市）。

果转化资金项目。研究样本选择的中国农业企业应具备以下条件。第一，注册地为中国境内、具备独立法人资格，且控股形式为内资控股，注册资金应不低于五十万元人民币，同时应具备界定清晰的产权制度与透明完善的财务管理制度，经营业绩良好，注册成立1年以上资产负债率不超过60%。第二，农业企业的主营业务范围为农业科技研发、农机开发生产、农业技术服务以及农业装备生产等，且应具备完善的治理结构，重视农业科技创新，有R&D经费投入，且有能力实现对农业科技成果的转化，具备较强的市场导向。第三，应具备一批可以转化的农业科技成果，且所备农业科技成果须符合国家产业政策、有明晰的知识产权。2009～2017年，样本农业企业共11050家，剔除了调研样本中无R&D经费投入的农业企业535家，经营业绩较差、科技成果不成熟的企业（不符合第二条和第三条要求）的农业企业556家，最终得到符合条件的样本9959个，数据类型为2009～2017年的混合截面数据。

4.2 投入产出现状

4.2.1 科技成果转化投入现状

本节主要基于经费投入的维度，分析不同单位性质、不同技术领域以及不同区域的农业企业科技成果转化投入规模、来源结构及用途；基于人力资源投入的维度，考察不同单位性质、不同技术领域以及不同区域的农业企业科技成果转化人力资源投入的总量、质量、结构及流动状况。

1. 基于经费投入维度

农业企业科技成果转化经费投入是指从不同来源获取的用于科技成果转化活动的经费总额，主要包括政府资助、社会资金以及自筹资金。农业企业科技成果转化经费来源状况如表4-1所示。

表 4 - 1 农业企业科技成果转化经费来源情况 单位：万元

变量	平均值	标准差	最小值	最大值
政府资助	108.838	50.603	60.000	200.000
社会资金	18.520	47.061	0.000	150.000
自筹资金	295.295	301.083	20.000	952.900

从表 4 - 1 可知，中国农业企业科技成果转化经费主要以自筹资金为主，均值为 295.295 万元，占比 69.87%；其次为政府资助，均值为 108.838 万元，占比 25.75%，说明政府对农业企业科技成果转化较为重视；农业企业科技成果转化经费中社会资金最少，均值仅为 18.520 万元，占比 4.38%。

（1）不同单位性质农业企业科技成果转化经费投入状况分析。不同单位性质的农业企业科技成果转化经费来源情况如表 4 - 2 所示。

表 4 - 2 不同单位性质的农业企业科技成果转化经费来源情况 单位：万元

单位性质	变量	平均值	标准差	最小值	最大值
非国有企业	政府资助	108.336	50.555	60.000	200.000
	社会资金	18.987	47.567	0.000	150.000
	自筹资金	298.052	303.718	20.000	952.900
国有企业	政府资助	116.627	50.743	60.000	200.000
	社会资金	11.274	37.653	0.000	150.000
	自筹资金	252.418	252.943	20.000	952.900

由表 4 - 2 可知，第一，从不同单位性质农业企业科技成果转化经费的来源情况看，非国有企业农业科技成果转化经费来源中，自筹资金均值为 298.052 万元，政府资助资金均值为 108.336 万元，社会资金均值为 18.987 万元；国有企业农业科技成果转化经费来源中，自筹资金均值为 252.418 万元，政府资助资金均值为 116.627 万元，社会资金均值为 11.274 万元。第二，国有企业中，政府资助的比例（30.67%）要超过非国有企业中政府资助的比例（25.47%），社会资金在非国有企业占有更

高的比例，这表明社会资本更看重非国有企业的发展。

（2）不同技术领域农业企业科技成果转化经费投入状况分析。不同技术领域农业企业经费来源情况如表4-3所示。

表4-3　　　　不同技术领域农业企业科技成果转化经费来源情况　　单位：万元

技术领域	资金总额	政府资助	社会资金	自筹资金
种植业	308.612	105.193	11.710	191.709
林业	284.485	98.614	14.364	171.507
畜牧业	446.401	107.436	16.390	322.575
水产业	409.985	111.513	15.078	283.394
植物保护	458.403	112.093	19.000	327.310
资源高效利用	468.369	108.158	21.723	338.488
农产品加工	601.662	113.612	27.950	460.100
农林生态环境	314.480	107.943	12.765	193.772
农业装备	459.770	107.562	25.412	326.796
农业信息技术	322.572	104.485	11.029	207.058
生物技术	545.534	136.281	33.674	375.579

由表4-3可知，第一，从各行业科技成果转化经费投入总额来看，农产品加工领域及生物技术领域农业企业在科技成果转化方面的经费投入较多，均值分别为601.662万元与545.534万元，高于其他技术领域的农业企业。其中，资源高效利用领域农业企业科技成果转化经费投入均值为468.369万元，农业装备领域为459.770万元，植物保护领域为458.403万元，畜牧领域为446.401万元，水产领域为409.985万元，农业信息技术领域为322.572万元，农林生态环境领域为314.480万元，种植领域为308.612万元，林业领域农业企业科技成果转化经费投入均值最小，为284.485万元。第二，就各领域科技成果转化经费来源看，各领域科技成果转化经费主要来源于自筹资金、国家补助以及金融机构资金，这与上面的分析结论具有一致性，具体均值描述不再赘述。现阶段，生物技术领域的农业企业、农业装备领

域的农业企业在科技成果转化方面投入的经费相对较高，这也与现阶段中国农业科技的发展方向相切合，即中国农业机械化未来发展总态势是由农业生产全程机械化向智能农业机械化进军。生物育种、生物农药以及生物饲料等新技术的推广应用在缓解资源环境压力以及解决粮食安全方面发挥了重要作用，世界各国均把农业生物技术视为未来提高国家竞争力的战略选择。

（3）不同区域农业企业科技成果转化经费投入状况分析。不同区域农业企业科技成果转化经费投入情况如表4-4所示。

表4-4　　　　　不同区域农业企业科技成果转化经费来源情况　　　单位：万元

区域	变量	平均值	标准差	最小值	最大值
东部	政府资助	109.147	51.230	60.000	200.000
	社会资金	15.101	42.685	0.000	150.000
	自筹资金	271.439	289.245	20.000	952.900
中部	政府资助	110.006	50.578	60.000	200.000
	社会资金	20.682	49.872	0.000	150.000
	自筹资金	340.251	319.659	20.000	952.900
西部	政府资助	107.079	49.695	60.000	200.000
	社会资金	20.923	49.368	0.000	150.000
	自筹资金	278.409	290.209	20.000	952.900

由表4-4可知，第一，从不同区域农业企业科技成果转化经费投入总额来看，中部地区农业企业科技成果转化经费投入最多，西部地区农业企业次之，东部地区农业企业科技成果转化经费投入最少。第二，从科技成果转化经费来源看，自筹资金、政府资助资金以及社会资金是各地区农业企业科技成果转化经费的主要来源，分别是中部地区农业企业——340.251万元、110.006万元和20.682万元；西部地区农业企业——278.409万元、107.079万元和20.923万元；东部地区——271.439万元、109.147万元和15.101万元。

综上，从现阶段中国农业企业科技成果转化经费投入情况看，第一，中国农业企业科技成果转化经费主要以自筹资金为主，其次分别是政府资助资金和社会资金。第二，从不同单位性质农业企业科技成果转化经费来源看，非国有企业科技成果转化经费投入较多，而行政导向明显的国有企业在科技成果转化方面的经费投入较少，但获得的政府资助资金比例却超过非国有企业。第三，从不同技术领域农业企业科技成果转化经费来源看，农产品加工领域和生物技术领域农业企业在科技成果转化方面的经费投入较多，高于其他技术领域的农业企业，同时生物技术领域农业企业、农业装备领域农业企业在科技成果转化方面投入的经费相对较高，这也与现阶段中国农业科技的发展方向相吻合。

2. 基于人力资源投入维度

本部分主要基于人力资源学历结构、职称结构以及法定代表人（以下简称"法人"）三个维度对不同单位性质、技术领域、区域的农业企业科技成果转化人力资源投入状况进行分析。

（1）农业企业科技成果转化人力资源投入情况分析。农业企业科技成果转化人力资源投入情况如表4-5所示。

表4-5　　　　农业企业科技成果转化人力资源投入情况　　　　单位：人

变量	平均值	标准差	最小值	最大值
项目参加人员	13.934	6.884	7.000	29.000
高级职称人员	4.153	2.141	1.000	8.000
中级职称人员	4.205	2.203	1.000	8.000
初级职称人员	2.633	2.579	0.000	8.000
无职称人员	2.054	3.004	0.000	9.000
博士人员	1.365	1.367	0.000	4.000
硕士人员	2.584	1.863	0.000	6.000
学士人员	5.134	3.133	1.000	11.000
其他	4.008	4.535	0.000	14.000
法定代表人性别*	0.902	0.298	0.000	1.000
法定代表人学历	3.250	1.218	1.000	7.000

注：＊法定代表人为男性时为1，女性时为0。

由表 4 - 5 可知，第一，现阶段中国农业企业在科技成果转化方面的人力资源投入均值为 13.934。从职称结构来看，高级职称人员均值为 4.153 人，中级职称人员均值为 4.205 人，初级职称人员均值为 2.633 人，无职称人员均值为 2.054 人。从学位构成看，博士学位人员均值为 1.365 人，硕士学位人员均值为 2.584 人，学士学位人员均值为 5.134 人，其他人员均值为 4.008 人。从以上描述性分析看，现阶段中国农业企业高级职称人员和博士学位人员占比较低，分别为 20.923% 以及 8.071%。第二，从农业企业法人信息来看，法人性别的均值为 0.902，表明农业企业法人主要以男性为主，法人学历的均值为 3.250（博士及以上赋值为 5，硕士赋值为 4，本科赋值为 3，专科赋值为 2，专科及以下赋值为 1）。为直观判断农业企业法人学历组成，绘制其直方图（见图 4 - 1）。

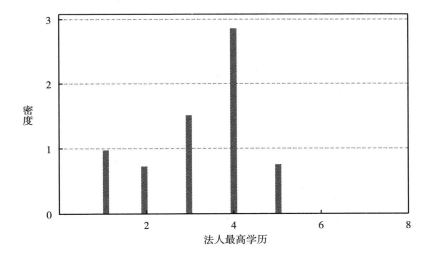

图 4 - 1 农业企业法人最高学历分布情况

从图 4 - 1 可以看出，农业企业法人学历中硕士学历人员最多，其后依次是本科学历人员、专科及以下学历、博士及以上学历。

（2）不同单位性质农业企业科技成果转化人力资源投入情况分析。不同单位性质农业企业科技成果转化人力资源投入情况如表 4 - 6 所示。

表 4 - 6　　　不同单位性质农业企业科技成果转化人力资源投入情况

单位性质	项目参加人员（人）	高级职称（人）	中级职称（人）	初级职称（人）	无职称（人）	博士人员（人）	硕士人员（人）	学士人员（人）	其他（人）	法人性别（男1，女0）	法人学历
非国企	13.897	4.124	4.179	2.631	2.071	1.369	2.559	5.103	4.029	0.964	3.226
国企	14.515	4.613	4.615	2.669	1.792	1.297	2.964	5.608	3.675	0.898	3.607

从表 4 - 6 可以看出，第一，国有企业科技成果转化人员投入高于非国有企业。从组成结构看，国有企业高职称、高学历转化人员比例要高于非国有企业，非国有企业中无职称及低学历科技成果转化人员占比高于国有企业。第二，从法人信息看，各单位性质农业企业法人性别的均值都较大，说明各单位性质农业企业法人主要以男性为主，国有企业法人性别均值 0.964，大于非国有企业法人性别均值 0.898；从法人最高学历来看，国有企业法人学历均值为 3.607 大于非国有企业的 3.226。

（3）不同技术领域农业企业科技成果转化人力资源投入情况分析。不同技术领域农业企业科技成果转化人力资源投入情况如表 4 - 7 所示。

表 4 - 7　　　不同技术领域农业企业科技成果转化人力资源投入情况　　　单位：人

技术领域	项目参加人员	高级职称人员	中级职称人员	初级职称人员	博士人员	硕士人员	学士人员	法人性别	法人最高学历
种植业	14.065	4.596	4.299	2.486	2.461	5.298	4.443	0.906	3.189
林业	12.390	4.278	3.788	2.068	1.538	2.343	4.484	0.926	3.488
畜牧业	14.397	4.095	4.445	2.670	1.747	2.961	4.878	0.909	3.285
水产业	13.074	3.953	3.858	2.479	1.416	2.367	4.563	0.912	3.153
植物保护	14.377	4.433	4.314	2.558	1.626	3.093	5.319	0.949	3.633
资源高效利用	13.463	4.005	3.955	2.583	1.473	2.669	4.913	0.884	3.347
农产品加工	13.927	3.657	4.233	2.904	1.441	2.523	5.134	0.891	3.093
农林生态环境	13.000	4.334	3.888	2.268	1.655	2.855	4.916	0.899	3.598
农业装备	13.785	3.958	4.069	2.739	0.803	2.007	5.600	0.910	3.108
农业信息技术	15.469	3.900	4.555	2.931	1.653	3.500	6.350	0.858	3.611
生物技术	15.946	4.048	4.542	3.506	1.675	2.848	5.390	0.877	3.335

从表 4 - 7 可以看出，第一，从科技成果转化活动参与人员来看，生

物技术领域农业企业和农业信息技术领域农业企业的科技成果转化人员投入较多,均值分别为 15.946 人与 15.469 人;其余各技术领域农业企业分别是畜牧领域 14.397 人、植物保护领域 14.377 人、种植领域 14.065人、农产品加工领域 13.927 人、农业装备领域 13.785 人、资源高效利用领域 13.463 人、水产领域 13.074 人、农林生态环境领域 13.000 人;林业领域农业企业科技成果转化人员数最少,为 12.390 人。第二,从人员结构信息看,种植领域农业企业、植物保护领域农业企业、农林生态环境领域农业企业以及林业领域农业企业高级职称人员较多,农产品加工领域农业企业高级职称科技成果转化人员最少(为 3.657 人);种植领域农业企业博士人员较多(2.461 人),其余技术领域农业企业差别不大。从以上结果看,虽然农业机械化和生物技术是中国未来农业科技的发展方向,且这两个领域农业企业在科技成果转化经费投入较多,但仍存在高质量人才欠缺的问题。第三,从农业企业法人信息来看,相对而言,农业信息技术领域农业企业女性法人比例较高,各技术领域农业企业法人学历没有显著区别。无职称人员及其他学历人员在此不展开讨论。

(4)不同区域农业企业科技成果转化人力资源投入情况分析。不同区域农业企业科技成果转化人力资源投入情况如表 4-8 所示。

表 4-8　　　不同区域农业企业科技成果转化人力资源投入情况　　　单位:人

变量	东部地区	中部地区	西部地区
项目参加人员	13.534	14.482	13.883
高级职称人员	4.153	4.278	4.012
中级职称人员	4.029	4.373	4.265
初级职称人员	2.490	2.783	2.667
无职称人员	2.037	2.115	2.008
博士人员	1.661	1.281	1.040
硕士人员	2.878	2.554	2.200
学士人员	4.912	5.342	5.215
其他	3.326	4.388	4.544
法人性别	0.898	0.908	0.899
法人最高学历	3.443	3.159	3.079

从表 4 - 8 可以看出，中部地区农业企业在科技成果转化方面的人员投入最多，均值为 14.482 人；其次是西部地区，均值为 13.883 人；东部地区农业企业人员投入最少，均值为 13.534 人。但从人力资源投入质量看，东部地区博士人员投入是最多的。从农业企业法人信息看，东部地区法人学历相对较高，且女性法人数量更多。

综上，第一，中国农业企业高级职称人员以及博士学位人员占比较低，从农业企业法人信息来看，农业企业法人主要以男性为主，农业企业法人学历均值在本科以上。第二，国有企业高级职称、高学历转化人员比例要高于非国有企业，国有企业法人学历及男性法人比例高于非国有企业。第三，从科技成果转化活动参与人员来看，生物技术领域农业企业和农业信息技术领域农业企业的科技成果转化人员投入较多；种植领域农业企业、植物保护领域农业企业、农林生态环境领域农业企业和林业领域农业企业高级职称人员较多，农产品加工领域农业企业高级职称科技成果转化人员最少；种植领域农业企业博士人员较多；农业机械化以及生物技术是中国未来农业科技的发展方向，但存在高质量人才缺乏的问题；农业信息技术领域农业企业女性法人比例较高，生物技术领域农业企业法人学历偏低。第四，中部地区农业企业在科技成果转化方面的人员投入最多，其次是西部地区以及东部地区；从人力资源投入质量看，东部地区无论是高级职称人员或是博士投入人员均是最多的；从农业企业法人信息看，东部地区法人学历相对较高，且女性法人数量更多。

4.2.2 科技成果转化产出现状分析

本部分主要基于知识生产产出以及技术产出两个维度对我国不同单位性质、技术领域以及区域的农业企业科技成果产出情况进行分析。其中，知识生产产出包括专利、新品种、新工艺、新设备以及新材料，技术产出包括技术服务收入以及新产品销售收入。

1. 不同单位性质农业企业科技成果转化产出

不同单位性质农业企业科技成果转化产出如表4-9所示。

表4-9　　　　　　不同单位性质农业企业科技成果转化产出情况

产出类型	国有企业	非国有企业
专利数（件）	0.905	1.010
新品种（个）	0.116	0.146
新工艺（条）	0.408	0.496
新设备（台/套）	0.812	0.967
新材料（项）	0.108	0.329
技术服务收入（万元）	12.412	11.636
新产品销售收入（万元）	2380.060	2632.535

由表4-9可知，第一，从知识生产产出看，非国有企业专利均值为1.010件，高于国有企业的0.905件，且新品种（0.146个）、新工艺（0.496条）、新设备（0.967台/套）、新材料（0.329项）均高于国有企业（分别为0.116、0.408、0.812、0.108）。第二，从技术生产产出看，非国有企业的新产品销售收入（2632.535万元）高于国有企业（2380.060万元），但技术服务收入（11.636万元）略低于国有企业（12.412万元）。

2. 不同技术领域农业企业科技成果转化产出

不同技术领域农业企业科技成果转化产出如表4-10所示。

表4-10　　　　不同技术领域农业企业科技成果转化产出情况

类型	专利数（件）	新品种（个）	新工艺（条）	新设备（台/套）	新材料（项）	技术服务收入（万元）	新产品销售收入（万元）
种植业	0.463	0.322	0.302	0.551	0.192	9.260	2338.606
林业	0.718	0.154	0.373	0.513	0.443	9.528	1335.028
畜牧业	0.832	0.130	0.571	0.822	0.151	13.706	3118.020
水产业	0.940	0.116	0.446	0.571	0.119	8.960	2223.800
植物保护	1.095	0.035	0.615	0.941	0.148	7.068	2287.667

续表

类型	专利数（件）	新品种（个）	新工艺（条）	新设备（台/套）	新材料（项）	技术服务收入（万元）	新产品销售收入（万元）
资源高效利用	1.587	0.032	0.658	1.277	0.432	13.655	2616.341
农产品加工	1.363	0.044	0.800	1.517	0.620	12.505	3760.589
农林生态环境	1.191	0.042	0.448	0.728	0.617	13.846	1356.539
农业装备	2.242	0.007	0.382	2.027	0.061	12.881	2381.829
农业信息技术	1.046	0.011	0.131	0.896	0.091	27.738	1298.087
生物技术	0.938	0.063	0.390	0.677	1.200	8.897	2624.037

第一，从知识生产产出角度看，获得专利数最多的为农业装备领域农业企业（2.242件），其次分别是资源高效利用领域农业企业（1.587件）、农产品加工领域农业企业（1.363件）、农业生态环境领域农业企业（1.191件）、植物保护领域农业企业（1.095件）、农业信息技术领域农业企业（1.046件）、水产领域农业企业（0.940件）、生物技术领域农业企业（0.938件）、畜牧领域农业企业（0.832件）及林业领域农业企业（0.718件），种植领域农业企业获得专利数最少（0.463件）；种植领域和林业领域农业企业产出新品种较多，分别为0.322个与0.154个；农产品加工领域和资源高效利用领域农业企业产出新工艺较多，分别为0.800条与0.658条；农业装备领域和农产品加工领域农业企业新设备产出较多，分别为2.027台/套与1.517台/套；生物技术领域和农产品加工领域农业企业产出新材料较多，分别为1.200项与0.620项。其余技术领域农业企业数据如表4-10所示。第二，从技术产出来看，农业信息技术领域、农林生态环境领域、畜牧领域和资源高效利用领域农业企业获得的技术服务收入较多，均值分别为27.738万元、13.846万元、13.706万元和13.655万元；农产品加工领域、生物技术领域和资源高效利用领域农业企业获得的新产品销售收入较多，均值分别为3760.589万元、2624.037万元和2616.341万元。

3. 不同区域农业企业科技成果转化产出

不同区域农业企业科技成果转化产出情况如表4-11所示。

表 4 – 11 　　　　　　　不同区域农业企业科技成果转化产出情况

产出类型	东部地区	中部地区	西部地区
专利数（件）	1.127	0.955	0.885
新品种（个）	0.113	0.175	0.153
新工艺（条）	0.479	0.523	0.470
新设备（台/套）	0.815	1.103	0.996
新材料（项）	0.233	0.557	0.231
技术服务收入（万元）	11.890	12.548	10.409
新产品销售收入（万元）	2492.097	3009.522	2350.693

由表4 – 11可知，第一，从知识生产产出看，东部地区农业企业专利产出最高（1.127件），其次是中部地区农业企业（0.955件）和西部地区农业企业（0.885件）；中部地区农业企业新品种产出、新工艺产出、新设备产出以及新材料产出均高于东部地区和西部地区农业企业。第二，从技术产出看，中部地区农业企业技术服务收入最高（12.548万元），其次是东部地区农业企业（11.890万元）和西部地区农业企业（10.409万元）；中部地区农业企业新产品销售收入最高（3009.522万元），其次是东部地区农业企业（2492.097万元）和西部地区农业企业（2350.693万元）。

综上，第一，从不同单位性质农业企业科技成果转化产出看，非国有企业的知识生产产出和新产品销售收入要优于国有企业，技术服务收入略低于国有企业。第二，从不同技术领域农业企业科技成果转化产出看，获得专利数最多的是农业装备领域农业企业，种植领域和林业领域农业企业产出新品种最多，农产品加工领域和资源高效利用领域农业企业产出新工艺最多，农业装备领域与农产品加工领域农业企业新设备产出最多，生物技术领域与农产品加工领域农业企业产出新材料最多，农业信息技术领域、农林生态环境领域、畜牧领域及资源高效利用领域农业企业获得的技术服务收入最多，而农产品加工领域、生物技术领域和资源高效利用领域农业企业获得的新产品销售收入最多。第三，从不同区域农业企业科技成果转化产出看，东部地区农业企业专利产出最多，中部地区农业企业新品种产出、新工艺产出、新设备产出以及新材料产出均高于东部地区和西部地区农业企业，中部地区农业企业的技术产出也均优于东部地区和西部地区农业企业。

4.3 动态特征

4.3.1 科技成果转化投入的动态特征

1. 基于科技成果转化经费投入维度

农业企业科技成果转化经费指从不同来源获取的用于科技成果转化活动的经费总额，主要包括政府资助、社会资金以及自筹资金。农业企业科技成果转化经费来源状况动态变化特征如表4-12所示。

表4-12　2009~2017年农业企业科技成果转化经费投入动态特征　单位：万元

年份	总经费投入	政府资助	社会资金	自筹资金
2009	423.040	167.269	23.159	232.612
2010	427.082	183.754	21.144	222.185
2011	376.153	106.073	23.415	246.665
2012	320.068	79.946	13.952	226.170
2013	434.271	94.447	23.121	316.703
2014	417.457	92.099	16.163	309.195
2015	438.546	93.759	15.145	329.642
2016	450.030	94.809	16.529	338.692
2017	422.928	94.733	15.749	312.446
年均增长率	-0.0003	-0.069	-0.047	0.038

由表4-12可知，第一，从科技成果转化经费投入看，2009~2017年总体呈现波动态势，年均增长率为负；但从年度变化看，2009~2012年科技成果转化经费投入有减少趋势，2013年开始出现增长趋势，在2016年达到450.030万元的峰值，且2016~2017年又有减少趋势。第二，政府资助总体呈现下降趋势，由2009年的167.269万元降低到2017

年的 94.733 万元,年均增长率为 -0.069;同时社会资金也出现了下降趋势,由 2009 年的 23.159 万元降低到 2017 年的 15.749 万元,年均增长率为 -0.047;农业企业自筹资金总体上保持上升态势,由 2009 年的 232.612 万元上升到 2017 年的 312.446 万元,年均增长率为 0.038。

2. 基于科技成果转化人力资源投入维度

本部分主要基于人力资源投入的学历结构、职称结构两个维度分析中国农业企业科技成果转化人力资源投入的动态变化(见表 4 - 13)。

表 4 - 13 　　　　　　2009 ~ 2017 年农业企业科技成果
转化投入人力资源投入动态特征 　　　　　单位:人

年份	项目人员	高级职称	中级职称	初级职称	博士	硕士	学士
2009	15.713	4.451	4.503	3.193	1.217	2.277	5.662
2010	15.711	4.586	4.589	3.122	1.223	2.376	5.766
2011	13.773	4.369	4.242	2.612	1.229	2.390	5.137
2012	13.700	4.953	4.245	2.139	1.791	2.859	5.276
2013	13.546	4.281	4.177	2.497	1.319	2.588	5.034
2014	13.807	4.121	4.212	2.584	1.426	2.744	5.124
2015	13.707	4.045	4.176	2.544	1.465	2.739	5.067
2016	13.638	3.954	4.137	2.598	1.433	2.685	4.984
2017	12.469	3.343	3.702	2.344	1.259	2.418	4.508
年均增长率	-0.028	-0.035	-0.024	-0.038	0.004	0.008	-0.028

注:为便于比较,本部分人数未调整为整数。

由表 4 - 13 可知,第一,从农业企业科技成果转化人员投入来看,总体呈现出投入减少的趋势,由 2009 年的 15.713 人减少为 2017 年的 12.469 人,年均增长率为 -0.028。第二,从职称结构看,各类职称人员均呈现减少的趋势。其中,高级职称人员由 2009 年的 4.451 人减少到 2017 年的 3.343 人,年均增长率 -0.035;中级职称人员由 2009 年的 4.503 人减少到 2017 年的 3.702 人,年均增长率为 -0.024;初级职称人员由 2009 年的 3.193 人减少到 2017 年的 2.344 人,年均增长率 -0.038。第三,与职称结构不同,高质量科技成果转化人力资源投入却呈现增长

061

趋势。其中，博士学位的科技成果转化人员由 2009 年的 1.217 人增长到 2017 年的 1.259 人，年均增长率为 0.004；硕士学位的科技成果转化人员由 2009 年的 2.277 人增长到 2017 年的 2.418 人，年均增长率为 0.008；学士学位的科技成果转化人员有一定下降，由 2009 年的 5.662 人减少到 2017 年的 4.508 人，年均增长率为 - 0.028。

综上，第一，科技成果转化经费投入在 2009～2017 年总体呈现波动态势，年均增长率为负，政府资助以及社会资金均呈现减少趋势，农业企业自筹资金处于增长趋势；第二，农业企业科技成果转化人力资源投入及各类职称人员均呈现减少的趋势，与职称结构不同，高质量科技成果转化人力资源投入却呈现增长趋势。

4.3.2 科技成果转化产出的动态特征

1. 科技成果转化知识生产产出维度

农业企业科技成果转化的知识生产产出的动态特征如表 4 - 14 所示。

表 4 - 14　　　2009～2017 年农业企业科技成果转化知识生产产出动态特征

年份	专利总数（件）	新品种（个）	新工艺（条）	新设备（台/套）	新材料（项）
2009	0.647	0.000	0.000	0.000	0.000
2010	0.653	0.000	0.000	0.000	0.000
2011	0.678	0.220	0.000	0.000	0.000
2012	0.930	0.191	0.639	0.949	0.095
2013	0.891	0.175	0.649	1.200	0.269
2014	1.004	0.185	0.694	1.270	0.188
2015	1.131	0.177	0.687	1.304	1.609
2016	1.322	0.162	0.699	1.472	0.304
2017	1.381	0.133	0.560	1.323	0.329
年均增长率	0.099	- 0.080	- 0.026	0.069	0.282

注：专利总数的年均增长率测算区间为 2009～2017 年，新品种的年均增长率测算区间为 2011～2017 年，新工艺、新设备和新材料的年均增长率测算区间为 2012～2017 年。

由表 4 - 14 可知，第一，农业企业科技成果转化知识生产产出中专利总数以及发明专利的数量均呈增长趋势，其中专利总数由 2009 年的 0.647 件增加为 2017 年的 1.381 件，年均增长率为 0.099。第二，新品种、新工艺、新设备以及新材料在 2009~2010 年基本属于无产出的阶段，但到了 2017 年都有了较大的增长，其中新品种增长到 0.133 个、新工艺增长到 0.560 条、新设备增长到 1.323 台/套、新材料增长到 0.329 项。但与 2011 年相比，中国农业企业新品种数量呈负增长；与 2012 年相比，中国农业企业新工艺数量也呈负增长。

2. 科技成果转化技术产出

农业企业科技成果转化技术生产产出以及社会效益如表 4 - 15 所示。

表 4 - 15　　　　　农业企业科技成果转化技术产出动态特征

年份	新产品销售收入（万元）	技术服务收入（万元）
2009	2296.276	0.000
2010	2334.566	0.000
2011	2287.242	14.698
2012	2239.833	10.278
2013	2735.298	14.239
2014	2752.230	14.619
2015	2833.021	13.722
2016	2840.021	13.942
2017	2506.717	16.052
年均增长率	0.011	0.015

注：新产品销售收入的年均增长率测算区间为 2009~2017 年，技术服务收入的年均增长率测算区间为 2011~2017 年。

由表 4 - 15 可知，从农业企业科技成果转化技术产出来看，新产品销售收入总体呈现增长趋势，由 2009 年的 2296.276 万元增长到 2017 年的 2506.717 万元，年均增长率为 0.011；农业企业新产品销售收入在 2015 年和 2016 年处于顶峰状态，分别为 2833.021 万元和 2840.021 万元；农业企业技术服务收入总体呈现增长态势，由 2009 年的 0 增加到 2017 年的 16.052 万元。2011~2017 年中国农业企业技术服务收入的年均增长率为

0.015，保持了较高的增长速度。综上可知，2009～2017 年，农业企业的知识生产产出与技术产出均呈现递增趋势。

4.4 本章小结

本章基于不同单位性质、不同技术领域以及不同区域三个视角，从经费投入、人力资源投入两个投入维度以及知识生产产出、技术产出两个产出类型分析中国农业企业科技成果转化投入产出现状与动态演变特征，得到以下研究结论。

4.4.1 现状特征

1. 从现阶段中国农业企业科技成果转化经费投入情况看

第一，中国农业企业科技成果转化经费主要以自筹资金为主，其次分别是政府资助资金和社会资金。第二，从不同单位性质农业企业科技成果转化经费来源看，非国有企业科技成果转化经费投入较多，而行政导向明显的国有企业在科技成果转化方面的经费投入较少，但获得的政府资助资金比例却超过非国有企业。第三，从不同技术领域农业企业科技成果转化经费来源看，农产品加工领域和生物技术领域农业企业在科技成果转化方面的经费投入较多，高于其他技术领域的农业企业，同时生物技术领域农业企业、农业装备领域农业企业在科技成果转化方面投入的经费相对较高，这也与现阶段中国农业科技的发展方向相吻合。

2. 从现阶段中国农业企业科技成果转化人力资源投入情况看

第一，中国农业企业高级职称人员以及博士学位人员占比较低，农业企业法人主要以男性为主，农业企业法人学历均值保持在本科以上。

第二，国有企业高级职称、高学历转化人员比例要高于非国有企业，国有企业法人学历及男性法人比例高于非国有企业。第三，从科技成果转化活动参与人员来看，生物技术领域农业企业和农业信息技术领域农业企业的科技成果转化人员投入较多；种植领域农业企业、植物保护领域农业企业、农林生态环境领域农业企业以及林业领域农业企业高职称人员较多，农产品加工领域农业企业高级职称科技成果转化人员最少；种植领域农业企业博士人员较多；农业装备和生物技术是中国未来农业科技的发展方向，但存在高质量人才缺乏的问题；农业信息技术领域农业企业女性法人比例较高，生物技术领域农业企业法人学历偏低。第四，中部地区农业企业在科技成果转化方面的人员投入最多，其次是西部地区和东部地区的农业企业。尽管如此，从人力资源投入质量看，东部地区博士人员投入是最多的；从农业企业法人信息看，东部地区农业企业法人学历相对较高，且女性法人数量更多。

3. 从现阶段中国农业企业科技成果转化产出情况看

第一，从不同单位性质的农业企业科技成果转化产出看，非国有企业的知识生产产出和新产品销售收入要优于国有企业，技术服务收入略低于国有企业。第二，从不同技术领域的农业企业科技成果转化产出看，专利数最多的为农业装备领域农业企业，种植领域和林业领域农业企业产出新品种最多，农产品加工领域及资源高效利用领域农业企业新工艺产出最多，农业装备领域与农产品加工领域农业企业新设备产出最多，生物技术领域和农产品加工领域农业企业产出新材料最多，农业信息技术领域、农林生态环境领域、畜牧领域以及资源高效利用领域农业企业获得的技术服务收入最多，而农产品加工领域、生物技术领域以及资源高效利用领域农业企业获得的新产品销售收入最多。第三，从不同区域农业企业科技成果转化产出看，东部地区农业企业专利产出最多，中部地区农业企业新品种产出、新工艺产出、新设备产出以及新材料产出均高于东部地区、西部地区的农业企业，中部地区农业企业的技术产出也均优于东部地区、西部地区的农业企业。

065

4.4.2 动态演变

1. 从投入的动态趋势看

第一，科技成果转化经费投入在 2009～2017 年总体呈现波动态势，年均增长率为负，政府资助以及社会资金均呈现减少趋势，农业企业自筹资金呈增长趋势。第二，农业企业科技成果转化人力资源投入、各类职称人员投入均呈减少趋势，而高质量科技成果转化人力资源投入却呈现增长趋势。

2. 从产出的动态趋势看

2009～2017 年，农业企业科技成果转化的知识生产产出和技术产出均呈现递增趋势。

第5章

中国农业企业科技成果
转化效率测度及演变趋势分析

在分析农业企业科技成果转化投入产出的基础上，本章选择 SSBM –
网络 DEA 模型测度中国农业企业科技成果转化效率，并分析其演变特征。

5.1 转化效率测度

5.1.1 数据来源与样本选择

本章研究样本来自中华人民共和国科学技术部 2009～2017 年农业科
技成果转化资金项目。研究样本选择的中国农业企业应具备以下条件：
第一，注册地为中国境内、具备独立法人资格，且控股形式为内资控股，
注册资金应不低于 50 万人民币，同时应具备界定清晰的产权制度与透明
完善的财务管理制度，经营业绩良好，注册成立 1 年以上，资产负债率
不超过 60%；第二，农业企业的主营业务范围为农业科技研发、农机开
发生产、农业技术服务以及农业装备生产等，且应具备完善的治理结构，
重视农业科技创新，有 R&D 经费投入，且有能力实现对农业科技成果的
转化，具备较强的市场导向；第三，应具备一批可以转化的农业科技成

果，且其具备的农业科技成果须符合国家产业政策、有明晰的知识产权。2009～2017年，样本农业企业共11050家，剔除了调研样本中无R&D经费投入的农业企业535家，经营业绩较差、科技成果不成熟（不符合上述第二和第三条要求）的农业企业556家，最终得到符合条件的样本9959个，数据类型为2009～2017年的混合截面数据。

5.1.2 两阶段网络DEA模型构建与变量选择

农业企业科技成果转化的全过程包括第一阶段的知识研发和第二阶段的科技成果商业化，根据农业企业科技成果转化活动的特点，本章建立了农业企业科技成果转化两阶段动态网络DEA模型，如图5-1所示。

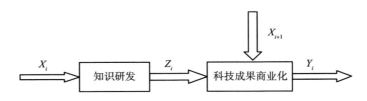

图5-1 农业企业科技成果转化活动两阶段模型

图5-1的两阶段动态DEA模型将农业企业科技成果转化的全过程划分为知识研发阶段和科技成果商业化阶段。在知识研发阶段，农业企业主要依靠R&D投入（图5-1中X_i）产生诸如专利、新材料等中间产出（图5-1中Z_i），而科技成果商业化阶段的主要目的则是将知识研发阶段的中间产出转化为具有经济效益的产品，该阶段中投入指标不仅包括X_{i+1}，即该阶段的人力物力投入，还包括Z_i，即知识研发阶段的中间产出作为投入指标作用于科技成果商业化阶段，从而实现最终产出Y_i。传统DEA方法仅使用了创新链前端的投入X_i与创新链末端的产出Y_i作为投入产出指标进行效率测度，忽略一些非效率因素（高莹等，2011），如未考虑中间产出Z_i以及其在下一阶段的再投入等问题，未将农业企业科技成果转化活动的两个阶段联系起来，会影响测算效率的准确性。因此，本章使用网络DEA模型测算中国农业企业科技成果转化效率。

基于以上分析，本章构建了中国农业企业科技成果转化路径及指标体系，如图5-2所示。

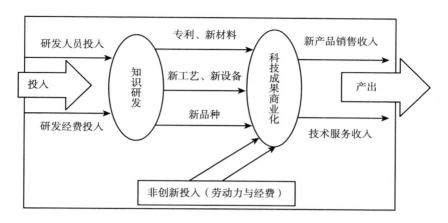

图5-2 两阶段网络DEA指标路径

其中，知识研发的投入指标（X_i）包括农业企业科技成果转化总经费、人员中用于创新的部分，即研发经费投入和研发人员投入，该阶段的产出变量（Z_i）包括专利、新材料、新工艺、新设备以及新品种；科技成果商业化阶段的投入指标一部分来自知识研发阶段产出的再投入（Z_i），另一部分则是农业企业科技成果转化总经费、人员中的非创新部分（X_{i+1}），该阶段的产出指标则以农业企业新产品销售收入以及技术服务收入表征。现有研究一般认为研发投入对研发产出的影响存在滞后性（Anon，2007；孔东民和庞立让，2014），即当期的研发投入无法在当期便形成专利进而产生经济效益，而是存在一个明显的滞后效应，但鉴于本章的数据样本为混合截面数据，因此无法使用研发投入的滞后项来进行效率的测算，只能使用当期投入与当期产出进行计算。

基于以上分析，构建农业企业网络DEA模型。假设农业企业科技成果转化第一阶段投入为 X_i，产出为 Z_i；第二阶段的投入为第一阶段的产出 Z_i 以及非创新投入 X_{i+1}，产出为 Y_i；U_i、U_{i+1}、V_i、W_i 分别为 X_i、X_{i+1}、Y_i、Z_i 的权重。与陈（Chen et al.，2010）构造的网络DEA模型不同，本章将中国农业企业科技成果转化总投入划分为创新投入 X_i 以及非

创新投入 X_{i+1}。在规模报酬不变情况下，若不考虑农业企业科技成果转化"黑箱"问题，可以得到中国农业企业第 i 个决策单元（DMU）的科技成果转化效率评价 DEA 模型：

$$E_i^1 = \text{Max} V_i Y_i$$

$$\text{s. t.} \begin{cases} U_i X_i + U_{i+1} X_{i+1} = 1 \\ V_i Y_i - (U_i X_i + U_{i+1} X_{i+1}) \leqslant 0 \\ U_i > 0, U_{i+1} > 0, V_i > 0 \end{cases} \quad (5.1)$$

在考虑农业企业科技成果转化活动的"黑箱"问题情况下，需要满足两个条件：第一，同一种要素无论在哪个阶段，不论作为投入或是产出，其权重始终一致；第二，前沿面条件，即每个阶段都必须保证其累积产出不超过累积投入。基于此，构造考虑"黑箱"问题的中国农业企业科技成果转化效率评价网络 DEA 模型：

$$E_i^2 = \text{Max}(W_i Z_i + V_i Y_i)$$

$$\text{s. t.} \begin{cases} U_i X_i + U_{i+1} X_{i+1} = 1 \\ V_i Y_i - (U_i X_i + U_{i+1} X_{i+1}) \leqslant 0 \\ W_i Z_i - U_i X_i \leqslant 0 \\ V_i Y_i - (U_{i+1} X_{i+1} + W_i Z_i) \leqslant 0 \\ U_i > 0, U_{i+1} > 0, V_i > 0, W_i > 0 \end{cases} \quad (5.2)$$

根据模型（5.1）及模型（5.2）可以得到第 i 个中国农业企业的科技成果转化效率为

$$E_i = E_i^2 / E_i^1 \quad (5.3)$$

在上述的网络 DEA 模型中，存在两点需要进一步改进。第一，上述模型默认农业企业的科技成果转化效率最大值为 1，这会导致在样本量较大情况下有许多 DMU 处于有效率状态（即效率值为 1），存在"截尾值"问题，安德森和彼得森（Andersen & Petersen，1993）提出的超效率模型很好地解决了这一问题。第二，现有测度效率的 DEA 模型主要以径向距离为主，在无效率方面的衡量仅考虑了要素投入及产出等比例缩减或增加的比重，没有考虑松弛改进的部分，托恩（Tone，2001）提出的 SBM

模型有助于解决这一问题。基于以上考虑，本章最终选择 SBM 网络–DEA 超效率模型对农业企业科技成果转化效率进行测度。模型中各投入产出变量说明如表 5 – 1 所示。

表 5 – 1　　　　农业企业科技成果转化效率测度投入—产出变量及说明

阶段	指标	描述
初始投入	研发人员	农业企业科技成果转化总人数中研发人员数量
	研发经费	农业企业科技成果总经费中研发经费投入量
中间产出/投入	专利	农业企业每年产生的专利数
	新材料	农业企业每年产生的新材料数
	新工艺	农业企业每年产生的新工艺数
	新设备	农业企业每年产生的新设备数
	新品种	农业企业每年产生的新品种数
	非创新人员	农业企业科技成果转化总人数中非研发人员数
	非创新经费	农业企业科技成果转化总经费中非研发经费投入量
最终产出	技术服务收入	农业企业每年提供技术服务获得的收入
	新产品销售收入	农业企业科技成果转化最终产品的销售收入

农业企业科技成果转化投入产出变量的描述性分析如表 5 – 2 所示。

表 5 – 2　　　　农业企业科技成果转化投入产出变量描述性分析

变量	平均值	标准差	最小值	最大值
研发人员	4.821	2.382	2.422	10.034
研发经费	117.768	92.659	22.240	362.206
专利	1.004	1.350	0.000	4.000
新品种	0.144	0.351	0.000	1.000
新工艺	0.490	0.682	0.000	2.000
新设备	0.958	1.927	0.000	6.000
新材料	0.316	12.163	0.000	1000.000
非研发人员	9.113	4.502	4.578	18.966
非研发经费	304.885	240.647	57.760	940.694
新产品销售收入	2617.237	3209.490	69.150	10000.000
技术服务收入	11.683	25.970	0.000	81.000

5.1.3 中国效率测度结果

基于以上指标，使用 MAXDEA 7.6 软件中的 SBM-Network DEA-Super Efficiency 模型对农业企业科技成果转化效率进行测度，测度结果如表 5 - 3 所示。

表 5 - 3 农业企业科技成果转化效率值

DMU	年份	科技成果转化效率	省（区、市）	区域	单位性质
1	2009	0.4094	湖南	中部	非国企
2	2009	0.3421	辽宁	东部	非国企
3	2009	0.4583	广东	东部	国企
.	.	.	.	.	.
.	.	.	.	.	.
1230	2012	0.3936	湖北	中部	非国企
1231	2012	0.4163	北京	东部	非国企
1232	2012	0.3839	山东	东部	非国企
.	.	.	.	.	.
.	.	.	.	.	.
9957	2017	0.4552	宁夏	西部	国企
9958	2017	0.3860	北京	东部	国企
9959	2017	0.2462	内蒙古	西部	非国企

注：样本量为 9959，限于篇幅，农业企业科技成果转化效率值未完全展示。

5.2 转化效率分析

5.2.1 总体分析

中国农业企业科技成果转化效率的分布直方图如图 5 - 3 所示。

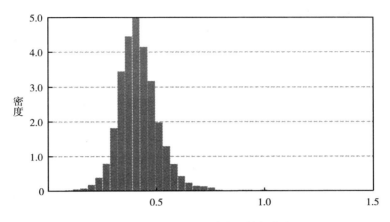

图 5 - 3　农业企业科技成果转化效率

农业企业科技成果转化效率的测度结果表明：第一，农业企业科技成果转化效率均值为 0.421，总体效率损失为 1 - 0.421 = 0.579，效率损失较大，有必要深入研究其制约因素与优化路径，具体研究将在后续实证章节展开；第二，农业企业科技成果转化效率众数是 0.363，从效率直方图可以看出，大部分农业企业的科技成果转化效率集中分布在 ［0.300，0.500］，科技成果转化效率高于 0.500 的农业企业较少。

5.2.2　演变趋势分析

1. 时间趋势

从表 5 - 4 和图 5 - 4 可以看出，农业企业科技成果转化效率从 2009 年的 0.386 上升到了 2017 年的 0.430，其中 2009 ~ 2013 年一直平稳上升，2014 ~ 2016 年有一个小幅度的衰减，且于 2017 年达到最高点，总体来看，中国农业企业科技成果转化效率存在较强的经济短波现象。

表 5 - 4　　　　　　　　2009～2017 年农业企业科技成果转化效率年度情况

年份	观测值	平均值	标准差	平均值95%置信区间		最小值	最大值
				下限	上限		
2009	185	0.386	0.091	0.373	0.399	0.137	0.630
2010	198	0.391	0.084	0.379	0.402	0.106	0.675
2011	846	0.404	0.087	0.398	0.409	0.105	0.735
2012	461	0.416	0.097	0.4071	0.424	0.135	0.929
2013	1543	0.426	0.104	0.421	0.431	0.120	1.066
2014	1766	0.426	0.098	0.421	0.430	0.104	1.148
2015	1874	0.425	0.096	0.421	0.429	0.050	1.035
2016	1992	0.419	0.096	0.415	0.423	0.058	1.058
2017	1094	0.430	0.109	0.424	0.436	0.042	1.398
总计	9959	0.421	0.099	0.419	0.423	0.042	1.398

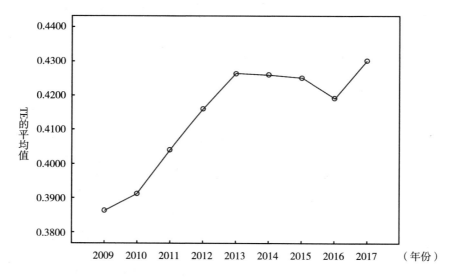

图 5 - 4　2009～2017 年农业企业科技成果转化效率年度趋势

　　中国农业企业科技成果转化效率经济短波现象的产生一方面受农业企业内部环境影响，另一方面还与外部制度环境有关。基于此，本章选取 1977～2017 年中国国家立法机关、中央政府及所属部委制定并颁布的管理规范科学技术的科技法律、行政法规、部门规章和规范性文件，并借助于北大法宝法律法规检索系统，整理出 4995 条科技创新政策。在此基础上借鉴彭纪生等（2008）有关技术政策力度测量方法，对 2008 ~ 2017 年不同科技创新政策类型（科技政策、产业技术政策、金融税收政策、农村与社会发展政策）的政策力度进行测度，计算各类型创新政策力度的年度数值，构建连续型的科技体制改革进程指数。测算过程如下：

$$TP_i = \sum_{n=1}^{N} P_i \tag{5.4}$$

其中，i 表示年份，$i \in [1977, 2016]$；N 表示 i 年颁布第 n 项政策；P_i 表示按照层级打分的第 n 条政策得分；TP_i 表示 i 年农业科技创新政策强度。

$$TEG_i = \sum_{n=1}^{N} EG_j \times P_i \tag{5.5}$$

其中，j 表示政策类型；EG_j 表示政策类型 j 的第 n 项政策的政策目标（措施）得分；P_i 表示在 i 年按照层级打分的第 n 条政策得分。

$$MTEG_i = MTEG_{i-1} + TEG_i \tag{5.6}$$

其中，$MTEG_i$ 是在根据每年政策的废止和重复进行调整后的农业科技创新政策的目标（措施）累计力度值。

经过测算，2009 ~ 2016 年量化的中国农业创新政策强度分别为 11、13、18、32、79、32、30、51。创新政策强度的变化趋势与农业企业科技成果转化效率的变动趋势一致，该结果表明，中国农业企业科技成果转化效率受政策影响较大。2016 年以后农业企业科技成果转化效率再次升高也得益于 2016 年颁布的《促进科技成果转移转化行动方案》以及《实施〈中华人民共和国促进科技成果转化法〉若干规定》的政策影响，且从表 5 - 5 可以看出，2017 年中国农业企业科技成果转化效率与 2016 年转化效率的差值为 0.011，且通过了 10% 显著性水平检验，2017 年度农业企业科技成果转化效率较之于 2016 年有了显著的增长。[①]

[①]　该成果由中国农业科学院农业经济与发展研究所毛世平研究员所带领的农业科技创新与政策创新课题组完成（2013 ~ 2017），项目主持人为毛世平研究员，参与者分别为林青宁、杨艳丽和孙立新。

表 5 – 5   农业企业科技成果转化效率年度比较分析

年份		平均差 (I – J)	标准误	显著性	90% 置信区间	
(I)	(J)				下限	上限
2017	2009	0.044 *	0.007	0.000	0.031	0.057
	2010	0.039 *	0.007	0.000	0.026	0.052
	2011	0.026 *	0.004	0.000	0.019	0.034
	2012	0.014 *	0.005	0.009	0.005	0.023
	2013	0.004	0.003	0.308	– 0.002	0.010
	2014	0.004	0.003	0.281	– 0.002	0.010
	2015	0.005	0.003	0.173	– 0.001	0.011
	2016	0.011 *	0.003	0.003	0.005	0.017

注：* 表示在 10% 水平上显著。

2. 不同单位性质农业企业科技成果转化效率比较

表 5 – 6 及表 5 – 7 分别给出了不同单位性质的中国农业企业科技成果转化效率的描述性分析结果以及 LSD 分析结果。

表 5 – 6   不同单位性质农业企业科技成果转化效率描述性分析

单位性质	观测值	平均值	标准差	平均值 95% 置信区间	
				下限	上限
非国企	9368	0.4207	0.099	0.419	0.423
国企	591	0.4209	0.097	0.413	0.429

表 5 – 7   不同单位性质农业企业科技成果转化效率 LSD 分析结果

项目	平方和	df	均方	F	显著性
组之间	0.000	1.000	0.000	0.001	0.982
组内	97.772	9957.000	0.010		
总计	97.772	9958.000			

从表 5 – 6 及表 5 – 7 的结果可以看出，全样本农业企业中，国有企业有 591 家，非国有企业有 9368 家，国有农业企业科技成果转化效率均值为 0.4209，略高于非国有农业企业的 0.4207，且从 LSD 方差分析结果来看，两者之间并不存在显著差异。

3. 不同技术领域农业企业科技成果转化效率比较

从表5-8可以看出，在全部9959家样本农业企业中，种植领域农业企业最多，有3104家，其次是农产品加工领域农业企业1953家、畜牧领域农业企业1164家，其他技术领域农业企业最少，仅100家。农产品加工领域农业企业科技成果转化效率最高为0.4241，其次分别是农业信息领域农业企业0.4226、种植领域农业企业0.4219，其他技术领域农业企业为0.4218，林业领域农业企业为0.4214，生物技术领域农业企业为0.4208，资源利用领域农业企业为0.4206，畜牧领域农业企业为0.4197，水产领域农业企业为0.4195，植物保护领域农业企业为0.4187，生态环境领域农业企业为0.4185，农业装备领域农业企业科技成果转化效率最低，仅0.4150。从描述性结果看，不同技术领域的农业企业科技成果转化效率没有很大差距，为从统计学意义上进行分析，需对其进行LSD方差分析，如表5-9所示。从表5-9可以看出，不同技术领域农业企业科技成果转化效率之间不存在显著差异。

表5-8　　　　　　不同技术领域农业企业科技成果效率分析

技术领域	N	平均值	标准差	平均值95%置信区间		最小值	最大值
				下限	上限		
种植业	3104	0.4219	0.0965	0.4185	0.4253	0.0881	1.0193
林业	513	0.4214	0.0911	0.4135	0.4293	0.1356	0.8331
畜牧业	1164	0.4197	0.0993	0.4139	0.4254	0.0502	1.0660
水产业	491	0.4195	0.0963	0.4110	0.4280	0.1298	0.9573
植物保护	274	0.4187	0.0972	0.4071	0.4303	0.0803	0.8555
资源利用	939	0.4206	0.1037	0.4139	0.4272	0.0584	1.0406
农产品加工	1953	0.4241	0.1017	0.4196	0.4286	0.1255	1.1032
生态环境	238	0.4185	0.0763	0.4088	0.4282	0.1580	0.6569
农业装备	690	0.4150	0.1055	0.4071	0.4229	0.0428	1.3981
农业信息	248	0.4226	0.1098	0.4089	0.4364	0.1747	1.1481
生物技术	245	0.4208	0.1074	0.4073	0.4343	0.1874	0.9601
其他	100	0.4218	0.0928	0.4034	0.4403	0.2272	0.7699
总计	9959	0.4211	0.0991	0.4192	0.4231	0.0428	1.3981

表 5 – 9   不同技术领域农业企业科技成果转化效率多重比较分析

项目	平方和	df	均方	F	显著性
组之间	0.053	11.000	0.005	0.489	0.911
组内	97.719	9947.000	0.010		
总计	97.772	9958.000			

5.3 转化效率空间分布及收敛性

本部分主要从空间角度探究中国农业企业科技成果转化效率的空间分布情况及收敛性。首先分析其空间分布情况，通过对农业企业科技成果转化效率地区分布四分位图的观察，按照农业企业科技成果转化效率的测算值，大致可以将其划分为四大类（见表 5 – 10）。自第一类至第四类，农业企业科技成果转化效率值逐渐下降，即各省份农业企业科技成果转化效率水平：第一类 > 第二类 > 第三类 > 第四类。

表 5 – 10   四分位图分类

分类	地区分布
第一类	浙江、江西、湖南、重庆、云南、青海、河南
第二类	黑龙江、辽宁、天津、江苏、福建、贵州、甘肃、宁夏
第三类	新疆、内蒙古、陕西、河北、北京、安徽、海南、广西、上海
第四类	吉林、山东、山西、西藏、四川、湖北、广东

从表 5 – 10 可以看出，中国农业企业科技成果转化效率并未呈现明显的地区差异。第一类中东部地区只有浙江，中部地区有江西、湖南和河南，西部地区包括重庆、云南和青海；第二类中东部地区包括辽宁、天津、江苏和福建，中部地区包括黑龙江，西部地区包括贵州、甘肃和宁夏；第三类中东部地区有河北、北京、海南、广西和上海，中部地区包括内蒙古、安徽，西部地区包括新疆和陕西；第四类中东部地区为山东

和广东，中部地区包括吉林、陕西和湖北，西部地区包括西藏和四川。

为分析不同区域之间农业企业科技成果转化效率的差异问题和追赶问题，本部分以中国境内地理区划为依据，按照农业企业分布划分为东部、中部和西部三个区域。东部地区包括辽宁、河北、山东、江苏、浙江、福建、广东、北京、天津、上海和海南；中部地区包括吉林、黑龙江、内蒙古、山西、河南、安徽、江西、湖南和湖北；西部地区包括新疆、甘肃、陕西、宁夏、四川、重庆、贵州、云南、广西、西藏和青海。

首先对三个区域农业企业的科技成果转化效率进行 LSD 方差分析，结果如表 5 - 11 与表 5 - 12 所示。

表 5 - 11　　　　三个区域农业企业科技成果转化效率描述性分析

地区	N	平均值	标准差	平均值 95% 置信区间		最小值	最大值
				下限	上限		
东部	3889	0.4200	0.0970	0.4169	0.4230	0.0803	1.0406
西部	2784	0.4218	0.0998	0.4181	0.4255	0.0428	1.1481
中部	3286	0.4220	0.1009	0.4185	0.4254	0.0502	1.3981
总计	9959	0.4211	0.0991	0.4192	0.4231	0.0428	1.3981

表 5 - 12　　　　三个区域农业企业科技成果转化效率方差分析

地区分布		平均差 (I - J)	标准误	显著性	95% 置信区间	
(I)	(J)				下限	上限
东部	西部	- 0.0018	0.0025	0.4655	- 0.0066	0.0030
	中部	- 0.0020	0.0023	0.4004	- 0.0066	0.0026
西部	东部	0.0018	0.0025	0.4655	- 0.0030	0.0066
	中部	- 0.0002	0.0026	0.9441	- 0.0052	0.0048
中部	东部	0.0020	0.0023	0.4004	- 0.0026	0.0066
	西部	0.0002	0.0026	0.9441	- 0.0048	0.0052

从表 5 - 11 可以看出，中部地区农业企业科技成果转化效率最高，均值为 0.4220，其次是西部地区农业企业 (0.4218)，东部地区农业企业最低 (0.4200)，且从方差分析结果看来，三个区域农业企业科技成果转化效率之间并不存在显著差异。从结果来看，地区经济差异并未显著影响

农业企业的科技成果转化效率，且中部地区和西部地区农业企业科技成果转化效率更高。近年来，国家加大了对中部地区和西部地区资金与政策倾斜的力度，一定程度上对这些地区农业企业的研发体量、体系的壮大与完善起到了促进作用。这是否表明不同地区农业企业科技成果转化效率趋于均等化？针对此，本章将进行收敛性分析。

绝对 β 收敛分析用来分析不同地区农业企业科技成果转化效率能否达到相同稳定的增长速度，以及落后地区农业企业科技成果转化效率能否实现向发达地区农业企业科技成果转化效率的收敛。本章在萨拉马丁（Sala-I-Martin，1994）的研究基础上，构建农业企业科技成果转化效率绝对 β 收敛的检验模型：

$$\left[\ln(TE_{it}) - \ln(TE_{i,0}) \right]/T = \alpha + \beta \ln(TE_{i,0}) + \varepsilon \qquad (5.7)$$

其中，模型左边的意义为 $t = 0$ 期到 $t = T$ 期农业企业科技成果转化效率增长率；β 是第 i 个地区 0 期的农业企业科技成果转化效率初始值的对数，是回归系数，若为负，则表明存在绝对收敛，即落后地区农业企业存在追赶发达地区的趋势。结果如表 5-13 所示。

表 5-13　　　　　三个区域农业企业科技成果转化效率绝对收敛检验结果

变量	东部地区	中部地区	西部地区
系数	-2.758***	-2.310***	-2.300***

注：*** 表示在1%的水平上显著。

从表 5-13 可以看出，绝对收敛结果显示东部、中部和西部地区系数 β 均为负数，均通过了 1% 显著性水平检验，且东部地区农业企业科技成果转化效率收敛速度最快，说明东部和西部农业企业科技成果转化效率存在向中部地区收敛的态势，三个区域呈现稳态增长。

5.4　本章小结

本章首先使用网络 DEA 模型测度中国农业企业科技成果转化效率，

在此基础上比较分析不同单位性质、不同技术领域农业企业科技成果转化效率，并从时间—空间角度对其收敛性进行探究，得到以下研究结论。

第一，中国农业企业科技成果转化效率均值为0.421，总体效率损失为1 - 0.421 = 0.579，效率损失较大。大部分农业企业的科技成果转化效率集中分布在［0.300，0.500］区间，科技成果转化效率高于0.500的农业企业较少。

第二，中国农业企业科技成果转化效率从2009年的0.386上升到2017年的0.430，其中2009～2013年处于平稳上升状态，2014～2016年有小幅度的衰减，于2017年达到最高点，总体来看，中国农业企业科技成果转化效率存在较强的经济短波现象。创新政策强度的变化趋势与中国农业企业科技成果转化效率的变动趋势一致，农业企业科技成果转化效率受政策影响较大。

第三，中国国有农业企业与非国有农业企业科技成果转化效率之间不存在显著差异；不同技术领域农业企业科技成果转化效率之间不存在显著差异。

第四，中部地区农业企业科技成果转化效率最高，均值为0.4220，其次是西部地区农业企业（0.4218），东部地区农业企业最低（0.4200），且从方差分析结果看来，三个区域农业企业科技成果转化效率之间并不存在显著差异。同时，绝对收敛结果显示东部、中部和西部地区系数β均为负数，且均通过了1%的显著性水平检验，东部地区农业企业科技成果转化效率收敛速度最快，东部和西部地区农业企业科技成果转化效率存在向中部地区农业企业追赶的态势，三个区域呈现稳态增长。

第6章
技术引进对中国农业企业科技成果转化效率的影响

6.1 引言

科技成果转化是使科技这个决定性要素与其他生产要素实现有效配置、与生产有机结合的关键环节，是将基础研究的成果产业化应用进而转化为生产产出的过程，在外部环境作用下科技成果与创新主体的人力资源、资本以及技术等要素结合，实现科技成果转化。农业企业作为创新主体具有市场导向性强以及创新过程更高效等优点，其科技成果转化活动在提高农业综合生产能力、促进农民增收、推进现代农业以及振兴农村经济等方面发挥着重要作用（郭改英，2012）。科技成果转化属于创新链条的中间环节，面临成果转化人才短缺、转化经费不足、转化周期较长以及转化技术提高难等制约因素（林青宁和毛世平，2018），2016年中国科技成果转化率低于30%（冯丽妃，2022），与发达国家60%～70%的水平差距较大。针对这些问题，现有研究提出了诸如改善转化机制（叶良均，2008）、优化转化模式（郭建强和冯开文，2010）、增加转化人才与资金投入（张淑辉和郝玉宾，2014）、加快转化平台与中试平台建设（毛学峰等，2012；王青和于冷，2015）等建议，但鲜有从技术进步的视角去探讨科技成果转化的研究。新经济增长理论认为，技术进步与技术创新能够有效促进一国的经济增长；对农业企业这个微观主体而言，其科技成果转化全过程包含知识研发和科技成果商业化两个阶段。在经济全球化背景下，农业企业技术进步的路径除了依靠独立研发之外，还可以依靠技术引进来获取国外的先进技术以实现技术进步。"十三五"规划纲要指出要多途径促进科技进步与技术创新，使其更有效的服务于经济发展，在此背景下研究技术引进对农业企业科技成果转化效率的影响具有重要的现实意义。

现有研究多关注技术引进对经济增长以及生产率影响等方面，有关技术引进与科技成果转化效率的研究还较少，且关于技术引进的研究并未达成一致结论。第一种观点认为技术引进能够促进经济增长与生产率提高。如哈格多恩（Hagedoorn，2002）发现技术引进是1950年以来欧美企业创新活动的大趋势，并能够降低研发成本、缩短研发周期（Rigby & Zook，2002）；唐未兵等（2014）认为企业完全通过独立研发来实现技术进步风险性较高，合理引进外部技术有助于实现企业绩效提高；胡等（Hu et al.，2005）研究发现技术引进有助于大中型企业提高生产率；吴延兵（2008）基于中国工业面板数据的研究发现技术引进能显著提高企业生产率。这种观点的研究较多，限于篇幅不再赘述。第二种观点则认为技术引进与经济增长或生产率之间无显著关系或呈现负相关关系。如李小平和朱钟棣（2006）研究发现外部技术进入阻碍了本国全要素生产率的提高；劳尔森和索尔特（Laursen & Salter，2006）研究发现引进外部技术会影响企业自主创新能力，不利于企业绩效的提高；贝尔基奇（Berchicci，2013）认为技术引进会增加企业成本，且容易形成路径依赖影响企业知识积累与绩效；傅元海和陈丽珊（2016）以中国省级面板数据为样本的研究发现进口技术对中国经济增长的制约作用十分显著。第三种观点认为在技术引进时应选择"适宜技术"并保证自身要素禀赋结构合理。"适宜技术"的概念最先由阿特金森和斯蒂格利茨（Atkinson & Stiglitz）在1969年提出，他们认为技术引进应该适应企业的要素组合结构，从而达到"干中学"的目的。此后，阿齐默鲁和齐利博蒂（Acemoglu &

Zilibotti, 2001)、林毅夫和张鹏飞（2006）从宏观视角的研究也证明了"适宜技术"以及"要素禀赋结构"对经济增长的重要性；吉尔马（Girma, 2005）研究发现企业在消化吸收新技术方面越有优势，越能提高技术引进的效力；肖利平和谢丹阳（2016）研究认为企业需具备一定的吸收能力才能实现技术引进对生产率提高的正向作用；徐欣（2015）研究发现技术引进与企业绩效之间呈现倒"U"型关系，企业应合理配置要素组合。

通过对文献的梳理发现，关于技术引进与科技成果转化效率相关的研究还较少，且现有关于技术引进的文献也并未形成一致结论。基于此，本章以多阶段吸收能力为门槛变量，研究技术引进对农业企业科技成果转化效率的影响。本章研究的学术贡献在于：第一，重点关注技术引进对农业企业科技成果转化效率的影响；第二，考虑技术引进与科技成果转化效率之间的非线性关系，使用门槛回归考察农业企业技术吸收能力的门槛效应；第三，从三阶段吸收能力实际开展研究，将农业企业三阶段吸收能力与技术引进有机结合。

6.2　理论分析与模型构建

6.2.1　理论分析与研究假说

新经济增长理论认为，技术进步与技术创新能有效促进一国的经济增长，熊彼特的创新理论也认为技术创新是推动经济发展的根本力量。农业企业实现技术进步的途径主要包括自主创新与技术引进两种方式。理论上讲，自主创新是农业企业获得竞争优势的重要手段，通过对研发要素的投入，农业企业创造新产品进而产生经济效益，农业企业获得新的利润增长点，进而实现效率的提高。然而在生产实践过程中完全通过自主创新来实现农业企业科技成果转化效率的提高存在许多不足。首先，农业企业科技成果转化是一项转化周期长、转化要素需求量大以及转化不可控性高的活动，农业企业单纯依赖自主创新会消耗大量的研发要素，同时还有很高的失败风险，纵然研发成功也难以保证研发成果的先进性能否满足市场需要（Lev，2001），同时，研发活动的正外部性会导致农业企业的自有技术易被其他创新主体模仿，造成机会成本升高。其次，农业企业通过自有技术实现技术进步依赖于基础研究，然而基础研究一般需要较长的时间才能取得成果，企业的"寻租性"导致企业难以保证基础研究的持续性。因此技术引进无疑是农业企业实现技术进步进而提高科技成果转化效率的重要路径选择。

首先，技术引进能有效降低农业企业在使用自有技术方面的时间成本与机会成本，还可以有效避免使用自有技术研发存在的风险，降低不可控性；其次，技术具有累积性，引进国外先进技术可以拓宽农业企业的技术深度与广度，增加技术存量，从整体上有利于技术资源的丰富与多样化，进而实现技术进步，提高科技成果转化效率；最后，若农业企业要素禀赋结构合理、具备一定的吸收能力，则可以实现对引进技术的消化吸收，掌握其中的关键环节，进而运用到自身的研发活动中，实现技术进步，形成"引进—吸收—提高—再引进"的良性循环。事实证明，近百年来技术引进对 OECD 国家全要素生产率提高具有重要作用（Madsen，2005），且中国实施的"市场换技术"战略也对促进中国经济增长起到了重要作用（陈爱贞等，2018）。当然技术引进并不是一劳永逸的创新战略选择。第一，技术具有较强的路径依赖特性。过度依赖技术引进而忽略独立创新易导致农业企业核心技术发展停滞，只能依赖引进的国外技术，长期内农业企业难以形成自主创新能力，更无法实现创新驱动，这将加剧农业企业对"专利池"的依赖度，产生高额的交易成本。第二，技术引进具有"竞争效应"。即农业企业引进国外技术进而生产新产品会跟国外企业形成竞争关系，被引进方企业为保证自身的市场竞争优势，会严格保护自身的核心技术，因此技术获取方引进的国外技术多属于"皮毛"性质的技术，同时在引进这些技术的过程中，技术获取方往往需要投入大量经费购买与引进技术相匹配的设备及材料等，造成企业成本上升，难以形成技术进步，影响其科技成果转化效率（吴延兵，2008）。第三，引进技术会产生"挤出效应"。引进国外技术需要大量的经费、人才等生产要素以实现引进技术的产业化应用，一家企业的要素资源是有限的，会导致原本用于自主研发的要素投入被挤出，影响企业内部的知识积累，甚至导致企业无法实现"干中学"（Bettis 等，1992），影响技术进步与市场竞争力。企业为实现技术进步只能继续引进技术，于是又会有一批原本用于自主研发的要素资源被挤出，导致企业落入"引进—知识难积累—竞争力下降—再引进—再下降"的怪圈（张景安，2003）。第四，引进的技术多是"显性知识"，只有当被引进的"显性知识"被本土企业内化吸收为"隐性知识"进而编码为适合产业化应用的"规范知识"才能实现农业企业技术进步（Nonaka，1994），并提高其科技成果转化效率；同时，引进的技术存在"信息不对称"的问题，即技术提供方会有完善的禀赋结构以保证技术的产业化应用，而技术引进方则难以匹配相应合理的要素资源以及上下游产业链条。

综上可知，技术引进在中国经济发展过程中起到了重要作用，但也存在很多制约条件，打破这些制约条件，才能充分发挥技术引进应有的效力。技术应用成本是技术引进中的主要成本之一，技术应用成本则与禀赋结构（熟练劳动力与非熟练劳动力的比例）有关（林毅夫和张鹏飞，2006）。同时技术引进的效率与农业企业的吸收能力有关，农业企业吸收能力越好，则可以迅速将引进的技术内化吸收，并进行产业化应用，并有效解决技术引进所带来的路径依赖问题、竞争效应、挤出效应、显性知识、信息不对称等问题，从而实现农业企业的技术进步，并有效促进其科技成果转化效率的提高，否则会产生大量的"沉没成本"，影响农业企业的科技成果转化效率。农业企业对于引进的技术并非单纯的"拿来用"，需要投入研发经费来购买与技术相匹配的研发设备，亦需要发挥研发人员的"心智模式"将引进的技术内化吸收与编码，更需要农业企业具有合理的要素禀赋结构以确保技术的顺利应用，从而实现技术进步。基于此，本章将技术引进划分为引进技术、吸收技术以及中试生产三个阶段，构建技术引进的三阶段吸收能力模型。

第一，在引进技术阶段，农业企业需要投入大量的研发经费实现对技术、与技术相配套研发设备的购买与配置，该阶段的吸收能力主要依赖于研发经费的投入，故而引进技术阶段的吸收能力以农业企业科技成果转化总投入中研发经费投入占比来表征。第二，在吸收技术阶段，尤为需要高质量研发人员投入以实现对引进技术的内化吸收与编码，故而以研发人员数量占农业企业科技成果转化人员数量比例表征该阶段的吸收能力。第三，在中试生产阶段，农业企业的主要目的在于将吸收技术阶段编码规范化的技术进行中间试验，以确保初步具备生产可能性的技术可以运用到生产阶段，从而实现技术进步。该阶段农业企业应建立中试生产线，以避免"中试空白"的现象，从而提高农业企业科技成果的产业化成功率，故而本阶段的吸收能力以中试生产线建设经费表征。总体而言，技术引进三阶段的吸收能力均需要跨越一定的门槛条件。首先，研发经费投入是确保农业企业科技获得外部技术的多寡与优劣，因此应保持其投入的充足性。当然，总投入一定情况下，研发经费过高不仅会带来边际效应递减而且会造成其他经费投入不足而影响农业企业科技成果转化效率。其次，高质量研发人员缺乏会影响农业企业对引进技术消化吸收并内化编码的效果，但研发人员过多也会导致成本上升以及研发"搭便车"行为（周燕等，2015）。最后，中试生产阶段尽管存在高投入、高风险的特征，但中试生产线的建立可以有效避免"中试空白"现象，因此农业企业应尽可能加大对中试生产的重视程度。基于此，提出以下研究假说。

H6－1：引进技术阶段，足量的研发经费投入可以显著提高农业企业科技成果转化效率，但研发经费过多则会导致边际效应递减与其他经费投入不足，影响农业企业科技成果转化效率。

H6－2：吸收技术阶段，高质量研发人员有助于农业企业科技成果转化效率的提高，但研发人员过多会导致成本上升及研发"搭便车"行为，影响农业企业科技成果转化效率。

H6-3：中试生产阶段，跨越"中试空白"可以显著提高农业企业科技成果转化效率。

6.2.2 模型构建与变量选择

1. 模型构建

本章首先构建网络 DEA 模型测算农业企业的科技成果转化效率，以解决标准 DEA 及 SFA 未考虑"中间科技成果再投入"以及"原始投入分配"的问题（Yoo et al.，2017），同时为解决传统 DEA 模型未考虑非径向、松弛改进以及未解决效率值截尾的问题，本章最终选择 SSBM-网络 DEA 模型对农业企业科技成果转化效率进行测度。在此基础上以技术引进的三阶段吸收能力为门槛变量，实证检验技术引进对农业企业科技成果转化效率的影响。

（1）网络 DEA 模型。本章选择网络 DEA 模型测算农业企业的科技成果转化效率，以解决农业企业科技成果转化活动的"黑箱"问题。具体方法见本书第 5 章。

（2）三阶段吸收能力的门槛回归模型。在理论分析的基础上，构建以三阶段吸收能力为门槛变量的技术引进门槛效应模型。农业企业所有制结构、所属行业以及规模等因素亦会对其科技成果转化效率产生影响（蒋殿春和张宇，2006），因此本章将农业企业所有制结构、企业规模作为控制变量纳入门槛效应模型中。现有研究（Anon，2007；孔东民和庞立让，2014）一般认为研发投入对研发产出的影响存在滞后性，即当期的研发投入无法在当期便形成专利进而产生经济效益，而是存在一个明显的滞后效应。对于技术引进而言，引进的技术经过吸收进而应用到研发生产的过程也相应存在一定的滞后效应。但鉴于样本数据为混合截面数据，因此无法使用技术引进的滞后项进行实证检验。基于以上分析，构建以三阶段吸收能力为门槛变量的动态面板门槛效应模型如下：

$$TE_{it} = \beta_1 tec_{it} I(lquality_{it} \le \theta_1) + \beta_2 tec_{it} I(\theta < lquality_{it} \le \theta_2) +$$
$$\beta_3 tec_{it} I(lquality_{it} > \theta_2) + \alpha_1 kstrength_{it} + \alpha_2 lquality_{it} +$$
$$\alpha_3 line_{it} + \alpha_4 credit_{it} + \alpha_5 ownership_{it} + \alpha_6 scale_{it} + \alpha_7 roa_{it} +$$
$$\alpha_8 year_{it} + \alpha_9 industry_{it} + \alpha_{10} region_{it} + \varepsilon_{it} \tag{6.1}$$

$$TE_{it} = \beta_1 tec_{it} I(lquality_{it} \le \theta_1) + \beta_2 tec_{it} I(\theta < lquality_{it} \le \theta_2) +$$
$$\beta_3 tec_{it} I(lquality_{it} > \theta_2) + \alpha_1 kstrength_{it} + \alpha_2 lquality_{it} +$$
$$\alpha_3 line_{it} + \alpha_4 credit_{it} + \alpha_5 ownership_{it} + \alpha_6 scale_{it} + \alpha_7 roa_{it} +$$
$$\alpha_8 year_{it} + \alpha_9 industry_{it} + \alpha_{10} region_{it} + \varepsilon_{it} \tag{6.2}$$

$$TE_{it} = \beta_1 tec_{it} I(line_{it} \le \theta_1) + \beta_2 tec_{it} I(\theta < line_{it} \le \theta_2) +$$
$$\beta_3 tec_{it} I(line_{it} > \theta_2) + \alpha_1 kstrength_{it} + \alpha_2 lquality_{it} +$$
$$\alpha_3 line_{it} + \alpha_4 credit_{it} + \alpha_5 ownership_{it} + \alpha_6 scale_{it} + \alpha_7 roa_{it} +$$
$$\alpha_8 year_{it} + \alpha_9 industry_{it} + \alpha_{10} region_{it} + \varepsilon_{it} \tag{6.3}$$

模型（6.1）、模型（6.2）、模型（6.3）分别是引进技术阶段、吸收技术阶段和中试生产阶段的门槛回归模型。其中，TE_{it} 为农业企业科技成果转化效率；tec_{it} 表示农业企业引进国外技术；$kstrength_{it}$、$lquality_{it}$、$line_{it}$ 分别表示三阶段的吸收能力门槛变量；其他变量及说明详见"2. 数据样本与变量说明"；θ_1 和 θ_2 为待估门槛值；$I(-)$ 为指标函数；ε_{it} 为随机干扰项，服从独立正态分布（0，σ^2）。在进行动态门槛回归时，要注意两个关键问题。一是回归结果中门槛值 θ_1 和 θ_2 的确定，使用 Stata 15.0 的 crosstm 命令回归得到，进而构建 F 统计量检验对原假设 $\theta_1 = \theta_2$ 进行检验。当原假设 $\theta_1 = \theta_2$ 成立时则表明门槛效应不存在，否则证明门槛效应存在。二是进行门槛估计值真实性检验，构造似然比统计量 LR，由于 LR 也是非标准的，根据汉森（Hansen，1999）的研究当取样足够且 LR > $-2\log(1 - \sqrt{1-\alpha})$ 时，则拒绝原假设，其中 α 代表显著性水平。

2. 数据样本与变量说明

本章数据样本来自中华人民共和国科学技术部 2009~2017 年农业科技成果转化资金项目。本章研究样本中农业企业应具备以下条件：第一，注册地为中国境内、具备独立法人资格，且控股形式为内资控股，注册资金方面，应不低于 50 万元人民币，同时应具备界定清晰的产权制度与透明完善的财务管理制度，经营业绩良好，注册成立 1 年以上资产负债率不超过 60%；第二，文章所涉及的农业企业的主营业务范围为农业科技研发、农机开发生产、农业技术服务以及农业装备生产等，且应具备完善的治理结构，重视农业科技创新，在农业科技创新方面存在一定投入，且有能力实现对农业科技成果的转化，具备较强的市场导向；第三，应具备一批可以转化的农业科技成果，且所具备农业科技成果须符合国家产业政策、有明晰的知识产权。2009～2017 年，样本农业企业共 11050 家，根据上述要求，本章剔除了调研样本中无 R&D 经费投入的农业企业 535 家，经营业绩较差、科技成果不成熟（不符合第二个和第三个条件）的农业企业 556 家，最终得到符合本章研究的样本 9959 个，数据类型为 2009～2017 年的混合截面数据。

农业企业科技成果转化效率测度投入产出变量以及模型（6.1）、模型（6.2）、模型（6.3）中相关变量说明如下。

（1）因变量。因变量为农业企业科技成果转化效率 TE。TE 为使用 SSBM－网络 DEA 模型计算的农业企业科技成果转化效率值。

（2）主检验变量。主要检验技术引进对农业企业科技成果转化效率的影响，因此将技术引进 tec 作为主检验变量，以引进技术的经费支出来表征。

（3）门槛变量。以三阶段吸收能力作为门槛变量，第一阶段吸收能力（经费质量）以"研发经费投入/农业企业总经费投入"（$kstrength$）表征；第二阶段吸收能力（人才质量）以"研发人员/农业企业总人员"（$lquality$）表征；第三阶段吸收能力以中试生产线建设经费（$line$）表征。

（4）控制变量。企业规模（$scale$）以农业企业总资产表征；农业企业盈利能力（ROA）反映农业企业的经营状况，以企业净利润与企业总资产的比值表征；其他控制变量还包括农业企业所有制形式（$ownership$）、信用等级（$Credit$）、行业虚拟变量（$industry$）、地区虚拟变量（$region$）和时间虚拟变量（$year$）。

各变量描述性结果如表6-1所示（虚拟变量未展示）。

表 6-1 各变量描述性统计情况

变量	均值	标准差	最小值	最大值
科技成果转化效率	0.421	0.078	0.237	1.382
经费质量	0.278	0.256	0.037	0.830
人才质量	0.346	0.239	0.042	0.819
是否创汇	0.109	0.311	0.000	1.000
中试生产线（ln）	0.957	2.204	0.000	6.841
技术引进（ln）	4.680	1.613	1.988	7.601
企业规模（ln）	8.254	1.663	5.252	11.504
盈利能力	0.078	0.082	0.000	0.286
信用等级	4.063	1.681	1.000	5.000

其中，农业企业科技成果转化效率的均值为0.421，最大值为1.382，最小值为0.237，标准差为0.078；经费质量的均值为0.278，最大值为0.830，最小值为0.037，标准差为0.256；人才质量均值为0.346，最大值为0.819，最小值为0.042，标准差0.239；从创汇情况看，仅有10.9%的农业企业实现创汇，比例较小；中试生产线投入均值为0.957，最大值为6.841，但最小值为0.000，表明有些农业企业对中试生产的重视程度较低；技术引进均值为4.680，最大值为7.601，最小值为1.988，标准差为1.613。

6.3 实证分析与结果讨论

本章首先使用MAXDEA 7.6软件的SSBM-网络DEA模型对农业企业科技成果转化效率进行测度，以解决传统DEA模型未考虑非径向与松弛改进、未解构科技成果转化"黑箱"以及未解决效率值截尾的问题，效率具体结果如表6-2所示。在此基础上，本章使用Stata 15.0的crosstm

命令分别对模型（6.1）、模型（6.2）和模型（6.3）进行实证检验。从表 6-2 可以看出，模型（6.1）分别在 5% 与 1% 的水平上通过了单门槛与多门槛检验，因此模型（6.1）选择多门槛回归更为合理。模型（6.2）分别在 10% 及 1% 的水平上通过了单门槛与双门槛检验，因此模型（6.2）选择双门槛回归；模型（6.3）在 1% 显著性水平上通过了单门槛检验，双门槛与多门槛未通过显著性水平检验，因此模型（6.3）选择单门槛回归。

表 6-2　　　　　　　　　门槛估计真实性检验

模型	实证检验	单门槛检验	双门槛检验	多门槛检验
模型（6.1）	F 值	6.129**	1.668	7.878***
	p 值	0.013	0.227	0.010
模型（6.2）	F 值	3.502*	6.820***	1.827
	p 值	0.073	0.003	0.163
模型（6.3）	F 值	23.024***	1.058	0.036
	p 值	0.000	0.307	0.863

注：*、**、*** 分别表示在 10%、5%、1% 的水平上显著。

对门槛估计真实性检验之后，对 Stata 15.0 回归得到的门槛值估计结果进行分析，如表 6-3 所示。

表 6-3　　　　　　　　　双门槛值确定

门槛值	引进技术阶段	吸收技术阶段	中试生产阶段
第一门槛值	0.008	0.184	5.011
第二门槛值	0.643	0.227	NA
第三门槛值	0.796	NA	NA

在得到门槛值 1 和门槛值 2 估计结果后，对模型（6.1）、模型（6.2）、模型（6.3）进行门槛回归，以三阶段吸收能力为门槛变量的技术引进对农业企业科技成果转化效率影响的实证结果如表 6-4 所示（地区、时间和行业虚拟变量结果未展示）。

表6－4　　　　　　　　　　　　　门槛回归结果

变量	引进技术阶段		吸收技术阶段		中试生产阶段	
	系数	t 值	系数	t 值	系数	t 值
系数	0.287***	12.500	0.306***	12.470	0.291***	12.820
经费质量	0.037**	2.320	0.022	1.510	0.017*	1.910
人才质量	－0.032	－1.130	－0.060	－1.520	－0.042	－0.820
中试生产	0.001***	5.280	0.003**	2.550	0.001***	5.280
技术引进	0.004	1.600	0.002	0.970	－0.004	－1.070
是否创汇	0.037***	5.339	0.041***	4.226	0.039***	3.772
信用等级	0.004**	2.010	0.004*	1.820	0.003*	1.990
所有制形式	0.004	0.270	0.002	0.180	－0.006	－0.840
企业规模	0.011***	5.260	0.012***	5.630	0.010***	4.900
盈利能力	－0.026	－0.740	－0.030	－0.790	－0.040	－1.090
行业	控制		控制		控制	
年份	控制		控制		控制	
地区	控制		控制		控制	
技术引进（Threshold＜1）	－0.007**	－2.290	－0.003	－1.170	0.001	0.030
技术引进（Threshold1－2）	0.0003	0.020	0.010**	2.270	0.005***	2.950
技术引进（Threshold2－3）	0.010**	2.180	－0.001	－0.350		
技术引进（Threshold＞3）	－0.001	－0.290				

注：*、**、*** 分别表示在10%、5%、1%的水平上显著。

从表6－4的门槛回归结果发现：

（1）在不存在门槛条件情况下，技术引进未能显著促进农业企业科技成果转化效率的提高，因此本章以吸收能力作为门槛变量有重要的研究意义。

（2）从引进技术阶段吸收能力看，经费质量小于第一门槛值0.008时，技术引进对农业企业科技成果转化效率影响的系数为－0.007，通过了 5% 的显著性水平检验；经费质量处于（0.008，0.643］时，技术引进对农业企业科技成果转化效率影响的系数变为正数 0.0003，但不显著；经费质量处于（0.643，0.796］时，技术引进对农业企业科技成果转化效率影响的系数为 0.010，通过了 5% 的显著性水平检验；而当经费质量大于第三门槛值 0.796 后，技术引进对农业企业科技成果转化效率影响的系数则变为负数 -0.001，未通过显著性水平检验。结果表明，在引进技术阶段，农业企业需要具备合适的技术以及相匹配的研发设备，从而为吸收技术阶段和技术研发应用阶段奠定物质基础。当然，研发经费占比也不应过高，否则会导致边际效应递减以及其他经费投入不足，研究假说 6 - 1 得以验证。

（3）从吸收技术阶段吸收能力看，当人才质量小于第一门槛值 0.184 时，技术引进对农业企业科技成果转化效率影响的系数为 -0.003，未通过显著性水平检验；当人才质量处于第一门槛值与第二门槛值（0.184，0.227］时，技术引进对农业企业科技成果转化效率影响的系数为 0.010，通过了 5% 的显著性水平检验；当人才质量大于第二门槛值 0.227 时，技术引进对农业企业科技成果转化效率影响的系数为 -0.001，未通过显著性水平检验。结果表明，在吸收技术阶段，农业企业应充分发挥研发人员的"心智模式"，将引进的技术业内化吸收为"隐性知识"，进而编码为适合产业化应用的"规范知识"，同时研发人员占比过高也会导致研发行为"搭便车"等问题。农业企业研发人员占比在（0.184，0.227］最为合理，而现阶段农业企业研发人员占比均值为 0.346，高于最合理区间，这或许是导致人才质量难以显著促进农业企业科技成果转化效率提高的原因，研究假说 6 - 2 得以验证。

（4）从中试生产阶段吸收能力看，当中试生产投入小于门槛值 5.011 时，技术引进对农业企业科技成果转化效率影响的系数为 0.001，未通过显著性水平检验；当中试生产投入大于门槛值 5.011 时，技术引进对农业企业科技成果转化效率影响的系数为 0.005，通过了 1% 的显著性水平检验。结果表明，中试生产应跨越一定的门槛才能显著发挥技术引进对农业企业科技成果转化效率的促进作用，研究假说 6 - 3 得以验证。

6.4 稳健性检验

表6-5的检验结果表明，在引进技术阶段，农业企业经费质量吸收能力处于（0.643，0.796］时，技术引进显著促进农业企业科技成果转化效率提高。在吸收技术阶段，农业企业人才质量吸收能力处于（0.184，0.227］时，技术引进对农业企业科技成果转化效率有显著的促进作用。在中试生产阶段，当中试生产吸收能力大于门槛值5.011时，技术引进与农业企业科技成果转化效率之间存在显著的正相关关系。为验证上述结论的稳健性，本章首先对总样本进行混合回归，在此基础上将全样本依据三阶段吸收能力的门槛划分样本，并进行混合回归。

表6-5 稳健性检验结果

项目	全样本	引进技术阶段		吸收技术阶段		中试生产阶段	
		（0.643，0.796］区间	非（0.643，0.796］区间	（0.184，0.227］区间	非（0.184，0.227］区间	门槛值>5.011	门槛值<5.011
技术引进	0.006 (1.160)	0.019*** (3.430)	0.004 (1.580)	0.006* (2.350)	-0.009* (-1.790)	0.001* (1.925)	0.004 (1.670)
控制变量	已控制	已控制	已控制	已控制	已控制	已控制	已控制
常数项	0.348***	0.314***	0.349***	0.398***	0.357***	0.342***	0.357***

注：*、**、***分别表示在10%、5%、1%的水平上显著。

检验结果表明，（1）对全样本进行混合回归，结果显示技术引进的系数为0.006（t值为1.160），未通过显著性检验，表明在不考虑门槛效应情况下，技术引进未能显著促进农业企业科技成果转化效率提高，进一步验证了上述结论。（2）对农业企业经费质量吸收能力处于（0.643，0.796］的样本进行混合回归，结果显示技术引进的系数为0.019（t值为3.430），通过了1%的显著性水平检验。在此基础上对农业企业经费质量吸收能力未处于（0.643，0.796］的样本进行混合回归，结果显示技术引进的系数为 0.004（t 值为 1.580），未通过显著性水平检验。实证检验证明了上述结果，即在引进技术阶段，农业企业经费质量吸收能力处于（0.643，0.796］时，技术引进显著促进农业企业科技成果转化效率提高。（3）对农业企业人才质量吸收能力处于（0.184，0.227］的样本进行混合回归，结果显示技术引进的系数为 0.006（t 值为 2.350），通过了 10% 显著性水平检验。在此基础上对农业企业人才质量吸收能力未处于（0.184，0.227］的样本进行混合回归，结果显示技术引进系数为 -0.009（t 值为 -1.79），通过了 10% 的显著性水平检验。实证检验证实了上述结果，即农业企业人才质量吸收能力处于（0.184，0.227］时，技术引进对农业企业科技成果转化效率有显著的促进作用。（4）对农业企业中试生产吸收能力大于 5.011 的样本进行混合回归，结果显示技术引进的系数为 0.001（t 值为 1.925），通过了 10% 的显著性水平检验。在此基础上对农业企业中试生产吸收能力未大于 5.011 的样本进行混合回归，结果显示技术引进的系数为 0.004（t 值为 1.67），未通过显著性水平检验。实证检验证实了上述结果，即当农业企业中试生产吸收能力大于门槛值 5.011 时，技术引进与农业企业科技成果转化效率之间存在显著的正相关关系。基于以上的稳健性检验，证实了上述研究结论的稳健性。

6.5　进一步讨论

本章基于中国农业企业农业科技成果转化的微观数据，首先使用 SSBM-网络 DEA 方法测度其科技成果转化效率，在此基础上将技术引进划分为引进技术、吸收技术和中试生产三个阶段，并以三阶段吸收能力为门槛变量，构建门槛回归模型实证检验技术引进与农业企业科技成果转化效率之间的非线性关系。本章的实证结果证实了 H6-1、H6-2 和 H6-3。研究结论表明：（1）不考虑门槛效应情况下，技术引进未显著促进农业企业科技成果转化效率的提高；（2）在引进技术阶段，农业企业经费质量吸收能力处于（0.643，0.796］；在吸收技术阶段，农业企业人才质量吸收能力处于（0.184，0.227]；在中试生产阶段农业企业中试生产吸收能力大于门槛值 5.011 时，技术引进才能显著提高农业企业科技成果转化效率。

新经济增长理论认为，技术进步与技术创新能有效促进一国的经济增长，事实也证明技术引进促进了 OECD 国家以及中国的经济发展。究其原因，主要在于技术引进能有效降低独立研发的时间成本与机会成本，并有效规避独立研发存在的风险，降低不可控性。同时，技术本身所存在的累积性，使技术引进可以拓宽技术深度与广度，增加技术存量，从整体上有利于技术资源的丰富与多样化，进而实现技术进步。已有研究也从不同角度入手证实了该观点（Rigby & Zook，2002；吴延兵，2008；唐未兵等，2014）。当然，也有学者对此持怀疑态度，主要原因在于他们认为技术引进会增加企业成本，并会导致企业产生"研发惰性"，从而影响企业在知识技术方面的积累。诸如贝尔基奇（Berchicci，2013）、傅元海和陈丽珊（2016）的研究证明了该观点。本章研究结论也证实了此观点，即在不考虑门槛效应的情况下，技术引进未显著促进农业企业科技成果转化效率的提高。导致研究结论截然相反的可能原因在于研究样本以及研究方法的差异。如第一类观点支持者的研究对象为欧美工业企业以及中国工业企业，而第二类观点的支持者选用了宏观数据以及农业企业的数据（本章的研究），工业企业在研发存量等方面的优势是农业企业所不具备的，这在很大程度上决定了企业对引进技术的利用程度。

我们认为导致两种研究结论截然相反的主要原因在于企业"吸收能力"的差异，并基于农业企业科技成果转化活动的内在机理，将技术引进划分为引进技术、吸收技术以及中试生产三个阶段，并以三阶段吸收能力为门槛变量，构建门槛回归模型实证检验技术引进与农业企业科技成果转化效率之间的非线性关系。研究结论表明，无论是在引进技术阶段、吸收技术阶段或是中试生产阶段，农业企业吸收能力处于特定门槛区间时，技术引进才能显著提高农业企业科技成果转化效率。我们认为，农业企业引进技术提高科技成果转化效率的前提是具备三个阶段的吸收能力，否则引进的技术无法被内化吸收为适合企业研发的标准技术，这样不仅会导致企业成本上升，还有可能挤出原本用于自主研发的要素，影响企业内部的知识积累，致使企业陷入"引进—知识难积累—竞争力下降—再引进—再下降"的怪圈。而农业企业吸收能力强，则可以迅速将其引进的技术内化吸收、开展中试，进而实现产业化应用，能够有效解决技术引进所带来的路径依赖、竞争效应、挤出效应、显性知识以及信息不对称等问题，实现技术进步与科技成果转化效率的提高。

本章的研究结论是从微观层面对林毅夫和张鹏飞（2006）研究的一种诠释。肖利平和谢丹阳（2016）的研究也认为工业企业需具备一定的吸收能力才能发挥购买国外技术对创新的显著作用。本章的研究发现总体上与这些研究结论是一致的，与这些研究不同之处在于本章基于微观视角开展研究，且提供了农业企业的证据。同时，本章基于农业企业科技成果转化活动的内在机理，将技术引进划分为引进技术、吸收技术以及中试生产三个阶段，将吸收能力细化到技术引进的不同阶段。本章的研究结论对农业企业合理进行技术引进具有现实意义。当然吸收能力具有多元性，不仅仅局限于引进技术阶段、吸收技术阶段以及研发阶段的吸收能力，上下游市场的匹配、企业文化的匹配以及政策环境的匹配等方面的吸收能力均会影响农业企业技术引进的效力。因此，实现农业企业吸收能力与科技成果转化效率的提高，一方面，要提升其人才吸收能力、经费吸收能力以及中试生产吸收能力；另一方面，制度环境等方面的改善也是实现农业企业吸收能力提高的重要路径选择。这些都是后续研究需要进一步考虑的问题。

6.6 本章小结

本章首先构建 SSBM–网络 DEA 模型对中国农业企业科技成果转化效率进行测度，在此基础上，以技术引进的三阶段吸收能力为门槛变量，构建门槛回归模型实证检验技术引进与中国农业企业科技成果转化效率之间的关系。研究发现：

（1）农业企业经费质量、中试生产线以及农业企业信用等级均显著促进科技成果转化效率的提高；农业企业的国有性质、人才质量对科技成果转化效率无促进作用；在不考虑门槛效应的情况下，技术引进未能显著促进农业企业科技成果转化效率的提高。

（2）在引进技术阶段，农业企业经费质量吸收能力处于（0.643，0.796］时，技术引进显著促进农业企业科技成果转化效率的提高。

（3）在吸收技术阶段，农业企业人才质量吸收能力处于（0.184，0.227］时，技术引进对农业企业科技成果转化效率有显著的促进作用。

（4）在中试生产阶段，当农业企业中试生产吸收能力大于门槛值5.011时，技术引进与农业企业科技成果转化效率之间存在显著的正相关关系。

与已有研究相比，本章的创新点主要体现在：考虑吸收能力对农业企业技术引进的影响，并根据农业企业科技成果转化活动的特征将农业企业吸收能力划分为引进技术阶段吸收能力、吸收技术阶段吸收能力以及中试生产阶段吸收能力，从而实证检验了技术引进与农业企业科技成果转化效率之间的非线性关系。

第7章
自主创新、技术引进与中国农业企业科技成果转化效率

7.1 引言

解决科技经济"两张皮"问题的关键在于提高中国科技成果转化水平。2015 年修订的《中华人民共和国促进科技成果转化法》突出强调了科技成果转化应当尊重市场规律，发挥企业在科技成果转化中的主体作用。作为农业技术创新的主体，近年来中国农业企业的科技成果转化情况进步明显，但相比其他行业企业，农业企业仍存在研发经费短缺、研发体量小（谢玲红和毛世平，2016）等问题，导致中国农业科技成果转化率低下，与发达国家差距明显。新经济增长理论认为，技术进步是国家经济增长、企业技术创新的重要驱动，农业企业技术进步的路径除了依靠自主创新之外，还可以依靠引进国外的先进技术以实现技术进步（Lin，2002），当然，技术引进或会存在"挤出效应"。因此，农业企业科技成果转化活动中技术引进、自主创新之间存在何种关系？农业企业应当如何对其进行合理的选择、匹配，从而实现科技成果转化效率的提升？这些都是需要经过实证检验才能回答的科学问题。

现有关于技术引进、自主创新与企业效率的研究并未达成一致结论。一种观点肯定了技术引进对经济增长和生产率的积极作用，即企业完全通过自主创新来实现技术进步存在诸多风险，合理引进外部技术有助于实现绩效提升与生产率提高，同时技术引进也是欧美企业创新活动的大趋势（Hagedoorn，1960；唐未兵等，2014；Hu et al.，2005；吴延兵，2008）。另一种观点则表示技术引进与经济增长或生产率之间无显著关系或呈现负相关关系。该观点主要认为技术引进不仅会增加企业成本，同时也容易形成路径依赖影响企业知识积累与绩效，从而影响企业自主创新能力（Laursen & Salter，2006；Berchicci，2013）。例如，李小平和朱钟棣（2006）研究发现外部技术进入阻碍了本国全要素生产率的提高；傅元海和陈丽珊（2016）以中国省级面板数据为样本，研究发现进口技术对中国经济增长的制约作用十分显著。此外，亦有研究认为在技术引进时应选择"适宜技术"并保证自身要素禀赋结构合理。例如，徐欣（2015）研究发现技术引进与企业绩效之间呈现倒"U"型关系，企业应合理配置要素组合。

本章的学术贡献主要包括：（1）充分考虑中国农业企业科技成果转化活动的全过程，运用 SSBM - 网络 DEA 模型实现了农业企业科技成果转化活动中知识研发阶段和科技成果商业化阶段的有效衔接，进而科学地测算了农业企业科技成果转化效率；（2）基于农业企业微观视角，探究农业企业在科技成果转化活动中的技术模式选择问题，研究结论为农业企业选择适宜的技术路径提供参考依据。

7.2　理论分析与研究假说

自主创新是农业企业获得竞争优势的重要手段，通过研发要素投入，实现技术突破，创造核心技术，构建技术壁垒，从而实现技术转化，形成新产品，产生经济效益，获得新的利润增长点，实现科技成果转化效率的提高（庞长伟，2016）。但在实践过程中完全通过自主创新却存在许多不足。首先，农业企业科技成果转化属于转化周期长、转化不可控性高的活动，单纯通过自主创新会消耗大量的研发资源，且面临较高的失败风险，同时难以保证科技成果能否满足市场需求（Wagenhofer & Alfred，2001）；其次，研发的正外部性会导致农业企业通过自主创新所获得的技术易被其他创新主体模仿，造成机会成本升高。最后，完全自主创新很大程度上会固化组织边界，导致企业难以获取异质性的知识技术，从而产生核心刚性与技术路径依赖问题（汤萱，2016）。基于此，提出以下研究假说。

H7-1：自主创新与农业企业科技成果转化效率之间存在倒"U"型关系。

技术具有积累性，技术引进可以拓宽农业企业的技术深度与广度，增加技术存量（Madsen，2005），但也存在较多制约因素。第一，技术引进具有"竞争效应"。即农业企业引进国外技术进而生产新产品与国外企业形成竞争关系，被引进方企业会严格保护自身核心技术；同时在引进技术过程中，技术获取方往往需要投入大量经费购买与引进与技术相匹配的设备及材料等，造成企业成本上升（吴延兵，2008）。第二，技术具有路径依赖特性。过度依赖技术引进而忽略自主创新易导致农业企业核心技术发展停滞，难以实现创新驱动，从而加剧农业企业对"专利池"的依赖度，产生高额的交易成本（Bettis et al.，1992）。第三，技术引进存在"信息不对称"问题，即技术提供方有完善的禀赋结构以保证技术的产业化应用，而技术引进方则难以匹配相应的要素资源以及上下游产业链。因此，在农业企业研发体量小、禀赋结构尚不完善的现实约束下，提出以下研究假说。

H7-2：技术引进难以提高农业企业科技成果转化效率。

农业企业在引进国外技术过程中需要耗费大量的经费、人才等生产要素以实现引进技术的产业化应用，在农业企业要素资源有限的情况下，用于自主创新的要素投入会被挤出，产生"挤出效应"，影响农业企业知识积累与"干中学"的效果，从而降低农业企业技术水平与市场竞争力，落入"引进—知识难积累—竞争力下降—再引进—再下降"的怪圈（张景安，2003）。当然，技术引进也是对引进技术消化吸收、掌握其核心的过程，在该过程中，农业企业如果能基于自身研发实力实现对引进技术的掌握与更新迭代，从而达成技术进步，形成"引进—吸收—提高—再引进"的良性循环，实现自身研发禀赋结构的完善，获取大量"隐性知识"，则有助于自主创新能力的再提升，这样技术引进与自主创新的交互作用将有助于提高农业企业科技成果转化效率。基于此，提出以下研究假说。

H7-3a：技术引进与自主创新呈现"互补效应"。

H7-3b：技术引进与自主创新呈现"替代效应"。

农业企业引进的技术多是"显性知识"，只有"显性知识"被内化吸收为"隐性知识"，并编码为适合产业化应用的"规范知识"，进而改造、升级，服务于创新实践，才能实现农业企业技术进步与科技成果转化效率的提高（Nonaka，1994）。在该过程中需要投入研发经费来购买与技术相匹配的研发设备，亦需要发挥研发人员的"心智模式"将引进的技术内化吸收与编码；此外还需进行技术改造升级，以确保引进的技术可以运用到生产阶段，从而实现技术进步。技术引进需要经历引进技术、吸收与改造技术两个阶段（见图7-1）。

图7-1　农业企业技术引进两阶段模型

由此可见，技术引进依赖于农业企业自主创新水平。（1）在引进技术阶段，农业企业需要投入大量的研发经费实现对技术、与技术相配套的研发设备的购买与配置，该阶段主要依赖于研发经费的投入。（2）在吸收与改造技术阶段，农业企业需要研发人员投入以实现对引进技术的内化吸收与编码；在此基础上，研发经费投入以保障将编码规范化的技术进行改造升级，从而运用到生产实践。基于此，提出以下研究假说。

H7-4：技术引进对农业企业科技成果转化效率的影响依赖于自主创新水平，存在门槛条件。

7.3 模型构建与变量选择

7.3.1 模型构建

本部分拟检验技术引进、自主创新对农业企业科技成果转化效率的影响以及两者的相互关系。由于样本数据为混合截面数据，选择混合回归模型，在回归中对标准误的估计使用聚类稳健的标准误，选择省份作为聚类标准。在此基础上，构建门槛回归模型探究技术引进对农业企业科技成果转化效率影响过程中自主创新的门槛效应。

首先，构建混合回归模型如下：

$$te_{it} = \alpha_1 tec_{it} + \alpha_2 kstrength_{it} + \alpha_3 kstrength_{it}^2 + \alpha_4 line_{it} + \alpha_5 credit_{it} +$$
$$\alpha_6 kstrength \times tec_{it} + \alpha_7 tax_{it} + ownership_{it} + scale_{it} + roa_{it} +$$
$$year_{it} + industry_{it} + region_{it} + \varepsilon_{it} \tag{7.1}$$

其中，te_{it} 为农业企业科技成果转化效率，tec_{it} 表示技术引进，$kstrength_{it}$ 表示自主创新，ε_{it} 为误差项；此外，为验证自主创新与农业企业科技成果转化效率的倒 "U" 型关系，加入了自主创新的二次项 $kstrength_{it}^2$；加入技术引进与自主创新的交互项（$kstrength_{it} \times tec_{it}$），以检验科技成果转化活动中两者的相互关系（互补还是替代）。

其次，构建门槛回归模型如下：

$$te_{it} = \beta_1 tec_{it} I(kstrength_{it} \le \theta_1) + \beta_2 tec_{it} I(\theta_1 < kstrength_{it} \le \theta_2) +$$
$$\beta_3 tec_{it} I(kstrength_{it} > \theta_2) + \alpha_1 tec_{it} + \alpha_2 kstrength_{it} +$$
$$\alpha_3 line_{it} + \alpha_4 credit_{it} + \alpha_5 tax_{it} + ownership_{it} + scale_{it} +$$
$$roa_{it} + year_{it} + industry_{it} + region_{it} + \varepsilon_{it} \tag{7.2}$$

其中，θ_1 与 θ_2 表示模型有待估算的门槛值；I （ － ） 为指标函数；μ_i 为不随时间变化的各省份截面的个体差异；ε_{it} 为随机干扰项，服从独立正态分布 （0，σ^2）。式 （7.1）、式 （7.2） 中各变量含义详见第 7.3.2 节。

7.3.2 数据来源与变量选择

研究样本来自中华人民共和国科学技术部 2009～2017 年农业科技成果转化资金项目。研究样本选择的中国农业企业应具备以下条件：第一，注册地为中国境内、具备独立法人资格，且控股形式为内资控股，注册资金应不低于 50 万元人民币，同时应具备界定清晰的产权制度与透明完善的财务管理制度，经营业绩良好，注册成立 1 年以上资产负债率不超过 60%；第二，农业企业的主营业务范围为农业科技研发、农机开发生产、农业技术服务以及农业装备生产等，且应具备完善的治理结构，重视农业科技创新，有 R&D 经费投入，且有能力实现对农业科技成果的转化，具备较强的市场导向；第三，应具备一批可以转化的农业科技成果，且所具备农业科技成果须符合国家产业政策、有明晰的知识产权。2009～2017 年，样本农业企业共 11050 家，剔除了调研样本中无 R&D 经费投入的农业企业 535 家，以及经营业绩较差、科技成果不成熟的企业 （不符合第二条和第三条要求） 的农业企业 556 家，最终得到符合条件的样本 9959 个，数据类型为 2009～2017 年的混合截面数据。各变量详细说明如下。

（1） 因变量，科技成果转化效率 （te）。中国农业企业科技成果转化过程包括知识研发阶段与成果商业化阶段，即首先依靠研发部门，使用 R&D 投入 （图 7－2 中 X_i） 产生诸如专利、新材料等中间产出 （图 7－2 中 Z_i）；其次，将中间产出作为投入变量 （该阶段的投入变量还包括 X_i+1，即该阶段的人力物力投入） 投入到成果商业化部门，从而实现最终产出 Y_i。基于此，选择两阶段动态网络 DEA 模型 （Yoo，2017） 将这两个阶段联系起来 （见图 7－2）。

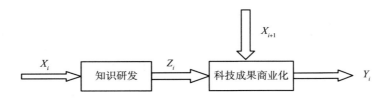

图 7－2 农业企业科技成果转化活动两阶段模型

图 7－2 中，测算中国农业企业科技成果转化效率的投入产出指标如表 7－1 所示。

表 7－1　　　　　测算农业企业科技成果转化效率所需的

投入产出指标及描述性分析

阶段	指标类型	指标名称	平均值	标准差	最小值	最大值
知识研发阶段	投入指标（X_i）	研发人员	4.821	2.382	2.422	10.034
		研发经费	117.768	92.659	22.240	362.206
	产出指标（Z_i）	专利	1.004	1.350	0.000	4.000
		新品种	0.144	0.351	0.000	1.000
		新工艺	0.490	0.682	0.000	2.000
		新设备	0.958	1.927	0.000	6.000
		新材料	0.316	12.163	0.000	1000.000
成果商业化阶段	投入指标（Z_i）	专利	1.004	1.350	0.000	4.000
		新品种	0.144	0.351	0.000	1.000
		新工艺	0.490	0.682	0.000	2.000
		新设备	0.958	1.927	0.000	6.000
		新材料	0.316	12.163	0.000	1000.000
	投入指标（X_{i+1}）	非研发人员	9.113	4.502	4.578	18.966
		非研发经费	304.885	240.647	57.760	940.694
	产出指标（Y_i）	新产品销售收入	2617.237	3209.490	69.150	10000.000
		技术服务收入	11.683	25.970	0.000	81.000

同时考虑到效率存在"截尾值"以及径向距离（Andersen & Petersen，1993；Tone，2001）的问题，最终选择 SSBM－两阶段网络 DEA 模型测算中国农业企业科技成果转化效率，使用 MaxDEA 7.6 软件进行测算。

（2）主检验变量，包括技术引进（*tec*）与自主创新（*kstrength*）。其中，技术引进以农业企业"技术引进经费/总经费"来表征。关于自主创新，党的十八大报告指出，"原始创新、集成创新和引进消化吸收再创新"是自主创新的三个有机组成部分，这三个部分都伴随研发经费支出，因此，以农业企业总经费中研发经费占比表征农业企业自主创新（周小春等，2014）。

（3）门槛变量，自主创新（*kstrength*），以农业企业"研发经费/总经费"表征。

（4）控制变量。借鉴现有研究（黄婧涵等，2019），选取以下控制变量：中试生产线（*line*），以农业企业在科技成果转化过程中建立中试生产线的经费投入表征；企业规模（*scale*），以农业企业总资产表征；农业企业盈利能力（*roa*），此指标反映农业企业的经营状况，以企业净利润与企业总资产的比值表征；是否创汇（*tax*），以农业企业科技成果是否有国外销售收入的虚拟变量（有 = 1，无 = 0）表征，此指标一定程度上反映了农业企业科技成果的质量；其他变量还包括农业企业所有制形式（*ownership*）、信用等级（*credit*）、行业虚拟变量（*industry*）、地区虚拟变量（*region*）、时间虚拟变量（*year*）。

相关变量描述性结果如表 7 – 2 所示。

表 7 – 2　　　　　　　　　变量描述性统计结果

变量	均值	标准差	最小值	最大值
科技成果转化效率（*te*）	0.421	0.078	0.237	1.382
自主创新（*kstrength*）	0.278	0.256	0.037	0.830
中试生产线（*line*）	0.957	2.204	0.000	6.841
技术引进（*tec*）	0.435	0.179	0.105	0.895
企业规模（*scale*）	8.254	1.663	5.252	11.504
盈利能力（*roa*）	0.078	0.082	0.000	0.286
是否创汇（*tax*）	0.109	0.311	0.000	1.000
信用等级（*credit*）	4.063	1.681	1.000	5.000

7.4 实证分析与结果讨论

7.4.1 基准回归分析

使用混合回归模型对模型（7.1）进行检验，分析自主创新与技术引进对农业企业科技成果转化效率的影响，并检验自主创新与技术引进之间存在互补关系还是替代关系，回归结果如表7-3所示。

表7-3 混合回归模型实证结果

变量	全样本		2009~2012年		2013~2017年	
	系数	T值	系数	T值	系数	T值
技术引进	0.001	0.240	0.0003	0.060	−0.0001	−0.040
自主创新	0.020	1.220	0.003	0.070	0.022	1.240
（自主创新）^{2}	−0.086 ***	−5.580	−0.058	−1.520	−0.089 ***	−5.240
自主创新 * 技术引进	0.023 ***	4.120	0.021 *	1.910	0.024 ***	3.890
是否创汇	0.041 ***	13.670	0.040 ***	6.010	0.042 ***	14.730
所有制形式	−0.011 **	−2.260	−0.006	−0.960	−0.012 **	−2.510
信用等级	0.002 ***	4.160	0.002 *	1.820	0.002 ***	3.540
中试生产线	1.17E − 08	1.170	3.90E − 08 ***	3.370	4.75E − 07	0.410
企业规模	0.008 ***	7.960	0.005 *	1.970	0.009 ***	9.400
盈利能力	0.042 ***	3.710	0.069 ***	3.860	0.035 **	2.730
地区	控制		控制		控制	
时间	控制		控制		控制	
行业	控制		控制		控制	
常数项	0.291 ***	42.820	0.322 ***	23.690	0.286 ***	35.700
R^2	0.176		0.191		0.176	

注：* 、** 、*** 分别表示在10%、5%、1%的水平上显著；2012年党的十八大报告明确提出了国家自主创新战略，因此以2012年为节点进行分阶段回归。

从表 7 - 3 的回归结果可以看出：

（1）在全样本回归及分阶段回归模型中，技术引进对农业企业科技成果转化效率影响的系数分别为 0.001、0.0003 和 - 0.0001，均未通过显著性水平检验；且技术引进对农业企业科技成果转化效率的影响从 2012 年之前不显著的正向影响转变为 2012 年后不显著的负向影响，表明技术引进未显著提高农业企业科技成果转化效率。实证结果验证了 H7 - 2。这说明中国农业企业在技术引进过程中可能存在"竞争效应""专利池"依赖问题及信息不对称问题，从而导致技术引进未能有效提高农业企业科技成果转化效率。

（2）全样本回归结果显示，自主创新二次项的系数为 - 0.086，通过了 1% 显著性水平检验，实证结果验证了 H7 - 1。这说明农业企业自主创新对科技成果转化效率的影响存在一个最优阈值，未超过最优阈值时，自主创新能够使农业企业掌握核心技术从而实现科技成果转化效率的提高，但对禀赋结构相对不完善的农业企业而言，单纯依赖自主创新（超过一定阈值）会消耗大量研发资源，且产生核心刚性问题，从而影响其科技成果转化效率。分阶段回归结果发现：2009 ~ 2012 年，自主创新二次项的系数为 - 0.058，未通过显著性水平检验；而 2013 ~ 2017 年自主创新二次项的系数为 - 0.089，在 1% 的显著性水平检验，表明自 2012 年以来，中国农业企业的自主创新能力有明显进步，有效促进了农业企业科技成果转化效率的提高。

（3）全样本回归结果显示，自主创新与技术引进交互项的系数为 0.023，通过了 1% 的显著性水平检验，即技术引进与自主创新的共同作用对农业企业科技成果转化效率提高有显著的正向作用，H7 - 3a 得以验证。实证结果表明，农业企业在技术引进过程中获取大量"外部知识"，有助于其研发禀赋结构重塑，并实现自主创新能力再提升，而自主创新能力亦是农业企业技术引进的基础，两者的共同作用可以有效提高科技成果转化效率。分阶段回归结果显示，2009 ~ 2012 年自主创新与技术引进交互项的系数为 0.021，通过了 10% 的显著性水平检验；2013 ~ 2017 年，自主创新与技术引进交互项的系数为 0.024，在 1% 的水平上显著。可见，2012 年以后农业企业技术引进与自主创新的"互补效应"更为显著。

7.4.2 异质性分析

农业企业科技成果转化效率受到企业特征的影响，如企业所有制形式、所处行业等，为此本部分对不同所有制形式的农业企业以及不同行业农业企业进行异质性分析（见表 7 – 4）。

表 7 – 4　　　　　　　　　　　异质性分析回归结果

变量	不同所有制形式				不同行业			
	非国有企业		国企		传统行业		战略新兴产业	
	系数	T 值	系数	T 值	系数	T 值	系数	T 值
技术引进	0.001	0.33	0.005	0.48	0.003	0.91	– 0.005	– 1.08
自主创新	0.018	1.11	0.106 ***	3.06	0.031 *	1.81	0.001	0.02
（自主创新）^{2}	– 0.087 ***	– 5.89	– 0.116 ***	– 3.10	– 0.077 ***	– 5.09	– 0.099 ***	– 3.20
自主创新 × 技术引进	0.021 ***	3.40	0.017	0.94	0.015 *	1.79	0.037 ***	3.73
是否创汇	0.041 ***	12.50	0.050 ***	3.84	0.047 ***	13.58	0.035 ***	8.37
所有制形式	NA	NA	NA	NA	– 0.009	– 1.32	– 0.013	– 2.73
信用等级	0.002 ***	4.12	0.002	1.65	0.002 **	2.73	0.003 ***	2.81
中试生产线	1.19E – 08	1.16	0.002 ***	3.03	4.75E – 07	0.41	6.43E – 09	0.63
企业规模	0.008 ***	7.51	0.009 ****	4.34	0.006 ***	5.49	0.011 ***	9.14
盈利能力	0.047 ***	3.69	– 0.048	– 2.01	0.053 ***	3.78	0.025	1.70
地区	控制		控制		控制		控制	
时间	控制		控制		控制		控制	
行业	控制		控制		控制		控制	
常数项	0.292 ***	43.61	0.257 ***	12.63	0.299	28.19	0.268 ***	31.88
R^2	0.179		0.206		0.138		0.217	

注：* 、** 、*** 分别表示在 10%、5%、1% 的水平上显著；依据战略新兴产业标准将生物技术、农业信息等行业划分为战略新兴产业，种植业、畜牧业等划分为传统行业。

从表7-4中不同所有制形式农业企业的异质性分析结果看：

（1）技术引进对农业企业科技成果转化效率影响均为正，且均未通过显著性检验，该结果与全样本的回归结果保持一致。

（2）自主创新二次项的系数均为负，均通过了1%的显著性水平检验，分所有制形式的实证结果与全样本回归结果一致，即无论是国有企业还是非国有制企业自主创新与科技成果转化效率之间均存在倒"U"型关系。同时研究发现，非国有农业企业自主创新倒"U"的转折点为0.103（0.018/2×0.087），国有农业企业自主创新倒"U"的转折点为0.457（0.106/2×0.116），国有农业企业自主创新的转折点大于非国有农业企业自主创新的转折点，即国有农业企业自主创新的红利期更长。可能的原因是在科技成果转化活动中，国有农业企业获得的政策红利更多，研发资源比非国有农业企业丰富，因此能享受到更多自主创新带来的红利。

（3）非国有农业企业技术引进与自主创新的交互项对科技成果转化效率影响的系数显著为正，与全样本回归结果一致；但国有农业企业技术引进与自主创新的交互项对科技成果转化效率影响的系数虽为正，但不显著，一定程度上验证了国有企业的创新低效率问题。

从表7-4中不同行业农业企业的异质性分析结果可以看出：

（1）传统行业农业企业技术引进对科技成果转化效率影响为正，且未通过显著性检验，该结果与全样本的回归结果保持一致。但战略新兴产业农业企业技术引进与科技成果转化效率却是不显著的负向关系，即过度的技术引进极有可能造成战略新兴产业农业企业科技成果转化效率的降低，这说明战略新兴产业所需的技术多属于"卡脖子"技术，无法单纯依赖技术引进。

（2）自主创新二次项的系数均为负，均通过了1%的显著性水平检验，分行业的实证结果与全样本回归结果一致，即无论是传统行业农业企业还是战略新兴产业农业企业，自主创新与科技成果转化效率之间均存在倒"U"型关系。同时研究发现，传统行业农业企业自主创新倒"U"的转折点为0.103［0.018/（2×0.087）］，战略新兴产业农业企业自主创新倒"U"的转折点为 0.005[0.001/(2×0.099)]，战略新兴产业农业企业自主创新倒"U"的转折点小于传统行业农业企业自主创新倒"U"的转折点，即传统行业农业企业自主创新的红利期更长。可能的原因在于战略新兴产业发展较晚，战略新兴产业农业企业研发实力与研发要素资源均弱于传统行业农业企业，单纯开展自主创新更容易产生转折点，因此政府应强化对战略新兴产业的支持力度，引导其他创新主体与战略新兴产业农业企业的合作。

（3）不同行业企业技术引进与自主创新的交互项对科技成果转化效率影响的系数均显著为正，与全样本回归结果一致。

7.4.3 门槛效应检验

表 7 - 3 的混合回归结果表明，技术引进未能显著提高农业企业科技成果转化效率，且技术引进与自主创新之间存在互补效应。由此，技术引进在什么条件下才能显著提高农业企业科技成果转化效率？自主创新又起到什么样的作用？为科学回答这些问题，本章基于理论分析，构建门槛回归模型来检验技术引进对农业企业科技成果转化效率影响中自主创新的门槛效应。使用 Stata 14.0 的 crosstm 命令对模型（7.2）进行实证研究，从表 7 - 5 可以看出，模型（7.2）分别在 5%、10% 和 1% 水平上通过了单门槛、双门槛与多门槛检验，因此选择多门槛回归模型更为合理。

表 7 - 5　　　　　　　　　门槛估计真实性检验

类别	单门槛检验	双门槛检验	多门槛检验
F 值	9.243 **	2.692 *	4.994 ***
p 值	0.030	0.100	0.003

注：***、** 和 * 分别表示在 1%、5% 和 10% 的水平上显著。

经计算，自主创新的三个门槛值分别为 θ_1（0.008）、θ_2（0.651）和 θ_3（0.796），门槛值确定后，对模型（7.2）进行门槛回归，得到以自主创新为门槛变量的技术引进对农业企业科技成果转化效率影响的实证结果（见表7-6）。尽管多门槛回归更为合理，但单门槛与双门槛回归也通过了显著性水平检验，因此此处列出其结果，作为参考。

表7-6　门槛回归模型实证结果

变量	单门槛回归	双门槛回归	多门槛回归
企业规模	0.015***	0.015***	0.015***
	(6.710)	(6.740)	(6.700)
盈利能力	-0.019	-0.017	-0.018
	(-0.490)	(-0.450)	(-0.490)
中试生产线	0.007	0.007	0.007
	(1.390)	(1.370)	(1.340)
是否创税	0.027**	0.027**	0.027**
	(2.410)	(2.460)	(2.470)
所有制形式	-0.002	-0.004	-0.005
	(-0.180)	(-0.310)	(-0.360)
技术引进 (自主创新 $< \theta_1$)	0.001	0.015	-0.008**
	(0.230)	(0.760)	(-2.530)
技术引进 ($\theta_1 \leq$ 自主创新 $< \theta_2$)	0.008***	0.007***	-0.004
	(3.000)	(2.700)	(-0.160)
技术引进 ($\theta_2 \leq$ 自主创新 $< \theta_3$)		0.002	0.010*
		(0.410)	(1.900)
技术引进 (自主创新 $\geq \theta_3$)			-0.003
			(-0.760)
常数项	0.286***	0.281***	0.286***
	(13.560)	(13.210)	(13.430)
地区	控制	控制	控制
时间	控制	控制	控制
行业	控制	控制	控制
R^2	0.146	0.152	0.163
F	7.807	7.262	7.089

注：括号内为t值；***、**和*分别表示在1%、5%和10%的水平上显著。

从表7-6门槛回归结果看：

（1）多门槛回归结果显示，自主创新小于0.008的门槛值时，技术

引进的系数为 −0.008，在 5% 的水平上显著；自主创新处于第一门槛值与第二门槛值（0.008，0.651]时，技术引进的系数为 −0.004，未通过显著性水平检验；自主创新处于第二门槛值与第三门槛值（0.651，0.796]时，技术引进的系数为 0.010，通过了 10% 的显著性水平检验；当自主创新大于第三门槛值 0.796 后，技术引进的系数变为 −0.003，未通过显著性水平检验。结果表明，技术引进对农业企业科技成果转化效率的影响存在以自主创新为门槛的倒"U"型门槛效应，实证结果验证了 H7−4。这表明农业企业应具备一定的自主创新能力，从而在技术引进过程中实现对合适技术的搜寻以及对相匹配研发设备的配置，并发挥"心智模式"，将引进的技术业内化吸收为"隐性知识"，进而编码为适合产业化应用的"规范知识"，从而运用于生产实践，进而提高转化效率。当然自主创新力度也并非越强越好，从实证结果可以看出，当自主创新力度超过第三门槛值时，技术引进的作用变得不再显著，说明超过阈值的自主创新力度会导致研发资源的错配与浪费，从而导致技术引进的无效率。

（2）尽管选择多门槛回归模型更为合理，但单门槛与双门槛回归分析也通过了显著性水平检验。单门槛回归结果显示，当农业企业自主创新能力大于一定门槛值时，技术引进才能显著提高农业企业科技成果转化效率；双门槛回归结果与多门槛回归结果类似，即技术引进对农业企业科技成果转化效率的影响存在以自主创新为门槛的倒"U"型门槛效应；单门槛回归与双门槛回归的结果强化了多门槛回归的稳健性。

7.5　本章小结

本章首先构建了 SSBM−网络 DEA 模型来测算中国农业企业科技成果转化效率，在此基础上，分别构建混合回归模型与门槛回归模型实证检验技术引进和自主创新对中国农业企业科技成果转化效率的影响，并探究两者之间的关系。研究发现：

（1）自主创新对中国农业企业科技成果转化效率的影响存在阈值，超过阈值后会导致核心刚性与技术路径依赖问题，因此自主创新与农业企业科技成果转化效率之间存在倒"U"型关系；同时，在2012年国家自主创新战略实施后，无论是政府还是企业均加强了对研发的重视程度，农业企业自主创新能力有所提升。

（2）技术引进在中国农业企业科技成果转化活动中存在路径依赖与禀赋结构不适宜的问题，导致技术引进未能显著提高农业企业科技成果转化效率；同时，技术引进作用的发挥依赖于自主创新能力的提升，存在以自主创新为门槛的倒"U"型门槛效应。

（3）在中国农业企业科技成果转化活动中，技术引进与自主创新相辅相成，自主创新能力可以实现对引进技术的掌握与更新迭代，从而推动技术进步，并有助于农业企业自主创新能力的再提升。因此，中国农业企业技术引进与自主创新呈现互补效应，同时，在2012年国家自主创新战略实施后互补效应变得更为显著。

（4）中国国有农业企业自主创新与其科技成果转化效率之间倒"U"关系的转折点大于非国有农业企业自主创新与其科技成果转化效率之间倒"U"关系的转折点，享受更多自主创新带来的红利，但国有企业技术引进和自主创新的"互补效应"不显著。战略新兴产业农业企业自主创新与其科技成果转化效率之间倒"U"关系的转折点小于传统行业农业企业自主创新与其科技成果转化效率之间倒"U"关系的转折点，红利期较短；同时，单纯依赖技术引进不利于战略新兴产业农业企业科技成果转化效率的提高。

第8章

政府补助与中国农业企业
科技成果转化效率

8.1 引言

农业企业科技成果转化活动贯穿创新链前端的研发与后端的商业化，是实现科技成果从"实验室"知识形态向"生产车间"实质成果转移的关键，转化过程面临多方参与、周期长、风险高等问题（郑延冰，2016）。同时，农业企业开展科技成果转化活动的动机在于获取全部的剩余控制权，但由于科技成果转化活动具有很强的正外部性，造成农业企业无法独享科技成果转化所带来的收益（Alpaslan & Ali，2017），影响其科技成果转化活动。由于科技成果转化正外部性的存在，单纯依靠市场"看不见的手"的调节作用，很难实现帕累托最优状态，创新要素无法得到有效配置，从而导致市场失灵。在此情况下，应发挥政府"看得见的手"的作用，通过政府支持以保证农业企业研发的积极性与可持续性（武咸云，2016）。

近年来，中国政府加大了对企业的资助力度，根据 Wind 资讯统计，近年来中国 A 股上市公司获得的政府补助总额呈现较大的增长幅度，且

2018 年有将近 94% 的 A 股上市公司获得了政府补助①。然而在实际的研发实践活动中，政府补助的效果一直备受争议，学术界也并未就此达成一致结论，主要有三种观点：激励效应、挤出效应和调节效应。（1）激励效应观点认为政府补助具备资源属性与信号属性两种特性。一方面，作为企业研发资金的重要来源，政府补助有助于缓解企业科技成果转化剩余控制权不足、企业研发风险高、回报周期较长的问题，从而增强企业开展研发活动的积极性，增加 R&D 投入，促进效率提高（Bruce，2002）；另一方面，政府补助会传达一种"利好"的信号，即当企业获得政府补助时，会被打上发展前景好、被认可的标签（Kleer，2010），有助于农业企业获得社会资本的青睐，从而拓宽企业研发资源存量，提高效率（Hu，2001）。（2）挤出效应观点则认为在企业研发经费投入既定的情况下，政府补助增加会导致企业将一部分原本用于研发的经费投入到"短平快"的项目中（刘虹等，2012）；同时，由于缺乏第三方监管机构监督，一些企业甚至会将政府补助资金挪用到风险小、收益快的项目中（Wallsten，2000）。此外，中国企业尚未有一套行之有效的创新评价体系，同时由于缺乏强制要求，信息披露不全面，因此，企业创新能力、技术水平仍属"黑箱"问题（Rodrik，2004），企业为获取政府补助也会出现一定程度的"研发粉饰"行为（安同良等，2009），从而产生"挤出效应"，不利于企业效率的提高。（3）调节效应观点则认为政府补贴需要情景变量的调节方能发挥其作用，现有文献多研究了创新能力、治理结构、市场扭曲等变量对政府补助与企业创新产出的调节效应（颜晓畅，2019；戴浩和柳剑平，2018；彭中文等，2015）。

已有研究为本章研究提供了相关基础，但仍存在完善空间。（1）关于政府补助属于挤出效应还是激励效应的研究逐渐向调节效应过渡，但少有研究从创新政策视角审视政府补助与农业企业科技成果转化效率的关系。（2）现有研究多将企业专利数或以标准非参数方法（DEA）测算

① 一般而言，政府支持的方式包括研发折旧、税收优惠和直接资助三种方式，本章讨论的政府支持形式为直接资助。

的效率值作为科技成果转化效率的表征（杨浩昌和李廉水，2019），但这些科技成果转化效率的表征方法缺乏对科技成果转化内部过程（包括知识研发阶段与科技成果商业化阶段）的剖析，忽略了企业科技成果转化的"黑箱"问题。因此，有必要探究政府补助对农业企业科技成果转化效率的影响究竟是通过影响知识研发效率还是科技成果商业化效率而发生作用的。本章基于 2009～2017 年中国农业企业的微观数据，在运用 SSBM-两阶段网络 DEA 测度农业企业科技成果转化效率的基础上，实证检验政府补助对农业企业科技成果转化效率及其分解指标（包括知识研发效率和科技成果商业化效率）的影响，以期更为准确地探寻政府补助对中国农业企业科技成果转化效率的内在机理，同时，探究创新政策对政府补助与中国农业企业科技成果商业化效率关系的调节作用。

8.2 理论分析与研究假说

8.2.1 政府补助与农业企业科技成果转化效率

近年来，中国农业企业研发活动取得了长足进步，但较之其他行业企业，研发经费短缺、研发体量小依旧制约着中国农业企业的研发及转化情况，因此政府补助的资源属性与信号属性在一定程度上对农业企业科技成果转化活动起到促进作用。（1）资源属性。即政府补助是企业获取研发资金的重要来源，一方面有助于缓解企业科技成果转化剩余控制权不足的问题（Bruce，2002）；另一方面，政府直接资助是以现金流的形式直接注入企业，能够降低企业固定资本（Dimos & Pugh，2016），也在一定程度上缓解企业的资金压力与融资约束（Pires，2015），缓解企业研发风险高、回报周期较长的问题，从而增强企业开展研发的积极性，增加 R&D 投入，促进效率提高。（2）信号属性。一方面，政府补助能够形成一种标杆力量，即政府一般会资助那些具有较好发展前景的企业，当企业获得政府补助时，会被打上发展前景好、被认可的标签。因此，在投资者与企业信息不对称的情况下，该利好信号的传递无疑起到了中介作用（Kleer，2010），缓解信息不对称问题，从而诱致社会资本、合作客户与其他非政府组织等利益相关者加强与企业的联系程度与支持力度，不仅有助于拓宽企业研发资源存量，也有助于其开拓上下游市场（Cassiman & Veugelers，2006），从而提高效率。另一方面，基于政治主导理论，在当前经济转型的背景下，中国的市场经济体制、法律制度以及专利保护制度尚不够完善，获得政府补助在很大程度上意味着企业与政府关系良好、联系紧密，企业更容易获得融资以及利益相关者的关注与支持，拓宽研发资源存量，提升企业效率（Yang et al.，2014；Besharov & Smith，2014）。基于以上讨论，提出以下研究假说。

H8－1：政府补助有助于促进农业企业科技成果转化效率的提高。

农业企业科技成果转化活动的全过程包括第一阶段的知识研发和第二阶段的科技成果商业化两个阶段。在知识研发阶段，农业企业主要依靠 R&D 投入产生诸如专利、新材料等中间产出，而科技成果商业化阶段的主要目的则是将知识研发阶段的中间产出转化为具有经济效益的产品。一方面，企业研发立项进而获得政府补助时，政府一般会制定研发考核目标，当企业完成既定考核目标后，鉴于科技成果商业化阶段面临需多方参与、转化周期长、转化经费需求量大、不可控风险较高等问题，属于创新链的薄弱环节，农业企业会有将应用于科技成果商业化阶段的政府补助资金挪用到风险小、收益快的项目中的倾向（Wallsten，2000），从而导致产生的专利等中间产出被搁置，造成大量的"沉没成果"，致使科技成果商业化水平低下。加之现阶段政府考核指标呈现出"重研发、轻转化"的特点（王志珍，2010），即更偏向于科技成果转化活动知识研发阶段的考核（如获得多少专利、产出多少新品种等），很大程度上忽视了农业企业科技成果的商业化，影响了农业企业科技成果商业化效率。另一方面，很多农业企业仅是为了获取政府补助而进行研发，导致研发的成果很难具备实际应用价值（周亚林，2018），难以实现科技成果的商业化，从而影响科技成果商业化效率。基于上述讨论，提出以下研究假说。

H8-2：政府补助有助于提升农业企业科技成果转化活动第一阶段的知识研发效率。

H8-3：政府补助对农业企业科技成果转化活动第二阶段的科技成果商业化效率影响不显著。

8.2.2 创新政策的调节效应

创新政策具有激励性、强制性和混合性的特点，现阶段中国的市场经济体制、法律制度及专利保护制度尚不够完善，企业的科技成果转化活动受政策环境的影响较大（刘放等，2016），创新政策以权威形式标准化地规定、管理科技成果转化活动的一般步骤和具体措施，影响创新主体的行为选择模式（Davis，1970）。创新政策通过引导激励、提高能力与规范行为等政策工具实现由条文向现实影响力的转变（黄萃等，2011；Ingram，1990），发挥着宏观政策性引导、多元化支持、行政审批等作用，从而影响农业企业的科技成果商业化阶段的效率。鉴于科技成果商业化过程的复杂性与不确定性，农业企业很难将政府补助真正用于商业化活动。一方面，创新政策基于多元化的支持手段（包括金融支持、市场引导及政策倾斜等），激励农业企业将政府补助资金真正用于科技成果转化活动的转化阶段。另一方面，创新政策基于其强制性的特点，规范约束农业企业的行为，有助于避免"研发粉饰"的问题。同时，创新政策也给农业企业带来科技成果商业化方面的要求，引导企业加强对科技成果商业化的重视程度，很大程度上杜绝了其为获取政府补助而进行研发，导致其研发成果难以具备实际应用价值的问题。反之，若缺少创新政策，则难以保证对政府补助资金的激励性与约束性，从而导致政府补助失灵。因此，创新政策作为情景变量正向调节政府补助对农业企业科技成果商业化效率的影响。基于以上分析，提出以下研究假说。

H8-4：创新政策对政府补助和农业企业科技成果商业化效率关系起正向调节作用。

基于上述分析，本章构建了政府补助与农业企业科技成果转化效率的理论框架构建（见图 8 – 1）。

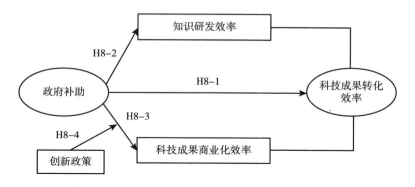

图 8 – 1　政府补助与中国农业企业科技成果转化效率理论框架

8.3　模型构建与变量选择

8.3.1　数据来源

研究样本来自中华人民共和国科学技术部 2009 ~ 2017 年农业科技成果转化资金项目。研究样本选择的中国农业企业应具备以下条件。第一，注册地为中国境内、具备独立法人资格，且控股形式为内资控股，注册资金应不低于五十万元人民币，同时应具备界定清晰的产权制度与透明完善的财务管理制度，经营业绩良好，注册成立 1 年以上资产负债率不超过 60%。第二，农业企业的主营业务范围为农业科技研发、农机开发生产、农业技术服务以及农业装备生产等，且应具备完善的治理结构，重视农业科技创新，有 R&D 经费投入，且有能力实现对农业科技成果的转化，具备较强的市场导向。第三，应具备一批可以转化的农业科技成果，且所具备农业科技成果须符合国家产业政策、有明晰的知识产权。2009 ~ 2017 年，样本农业企业共 11050 家，剔除了调研样本中无 R&D 经费投入的农业企业 535 家，经营业绩较差、科技成果不成熟的企业（不符合第二条和第三要求）556 家，最终得到符合条件的样本 9959 个，数据类型为 2009～2017 年的混合截面数据。

8.3.2 模型构建

首先，基于 2009～2017 年农业企业的混合截面数据（即每年的样本数量均不相同），构建混合回归模型实证检验政府补助对中国农业企业科技成果转化效率及其分解指标（知识研发效率和科技成果商业化效率）的影响，模型构建如下：

$$TE_{it} = \alpha + \beta Gov_{it} + \gamma x'_{it} + \delta z'_{it} + \varepsilon_{it} \tag{8.1}$$

$$RDEFF_{it} = \alpha + \beta Gov_{it} + Px'_{it} + \delta z'_{it} + \varepsilon_{it} \tag{8.2}$$

$$BUSEFF_{it} = \alpha + \beta Gov_{it} + Px'_{it} + \delta z'_{it} + \varepsilon_{it} \tag{8.3}$$

其中，TE_{it}、$RDEFF_{it}$ 和 $BUSEFF_{it}$ 为因变量，分别表示农业企业科技成果转化效率、知识研发效率和科技成果商业化效率；Gov_{it} 为主检验变量，表示政府补助；x'_{it} 为控制变量与调节变量，包括农业企业规模（scale）、农业企业盈利能力（roa）、信用等级（credit）、所有制形式（ownership）、行业虚拟变量（industry）、地区虚拟变量（region）和时间虚拟变量（year）。

其次，为验证创新政策对政府补助和农业企业科技成果商业化效率影响的调节效应，在模型（8.3）的基础上，添加变量创新政策（policy）以及创新政策与政府补助的交互项 $policy \times Gov_{it}$（为避免与其他变量产生共线性，$policy \times Gov_{it}$ 中的两个变量进行了中心化处理），调节效应模型如下：

$$BUSEFF_{it} = \alpha + \beta Gov_{it} + \gamma'_{it} + policy_{it} + policy \times Gov_{it} + \delta z'_{it} + \varepsilon_{it} \tag{8.4}$$

其中，因变量与自变量相关说明见第 8.3.3 节。

8.3.3 变量选择

1. 因变量

因变量为农业企业科技成果转化效率及其分解指标（包括知识研发

效率和科技成果商业化效率）。鉴于传统 DEA 方法仅使用创新链前端投入 X_i 与创新链末端产出 Y_i 作为投入产出指标进行效率测度，未考虑中间产出 Z_i 以及其在下一阶段的再投入等问题，未将农业企业科技成果转化活动的两个阶段联系起来（Yoo et al.，2017），未考虑到农业企业科技成果转化活动的"黑箱"问题。基于此，本章选择 SSBM-网络 DEA 模型测算农业企业科技成果转化效率（TE）及其分解指标——知识研发效率（$RDEFF$）和科技成果商业化效率（$BUSEFF$）。两阶段网络 DEA 模型简介如下：农业企业科技成果转化活动的全过程包括第一阶段的知识研发和第二阶段的科技成果商业化，即单纯的研发经费投入、研发人员投入是无法直接产生经济效益的，必须经过中间产出阶段。根据农业企业科技成果转化活动的特点，本章在法尔等（Fare et al.，2000）研究的基础上建立农业企业科技成果转化两阶段网络 DEA 模型（见图 8-2）。

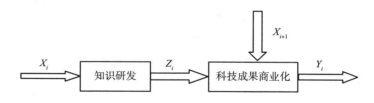

图 8-2　农业企业科技成果转化活动两阶段模型

图 8-2 中，两阶段网络 DEA 模型将农业企业科技成果转化活动的全过程划分为知识研发阶段和科技成果商业化阶段。在知识研发阶段，农业企业主要依靠 R&D 投入（X_i）产生诸如专利、新材料等中间产出（Z_i），而科技成果商业化阶段的主要目的则是将知识研发阶段的中间产出转化为具有经济效益的产品，该阶段中投入指标不仅包括 X_{i+1}，即该阶段的人力物力投入，还包括 Z_i，即知识研发阶段的中间产出作为投入指标作用于科技成果商业化阶段，从而实现最终产出 Y_i。其中，知识研发阶段的投入指标（X_i）包括农业企业科技总经费、人员中用于研发的部分，即研发人员投入及研发经费投入，该阶段的产出变量（Z_i）包括专利、新材料、新工艺、新设备和新品种；科技成果商业化阶段的投入指标一部分来自知识研发阶段产出的再投入（Z_i），另一部分则是农业企

业科技总经费、人员中的转化部分（X_{i+1}），该阶段的产出指标以农业企业新产品销售收入和技术服务收入表征。

基于以上分析，构建农业企业网络 DEA 模型如下：U_i、U_{i+1}、V_i、W_i 分别为 X_i、X_{i+1}、Y_i、Z_i 的权重，在规模报酬不变情况下，若不考虑农业企业"黑箱"问题，可以得到中国农业企业第 i 个 DMU 的效率评价 DEA 模型：

$$E_i^1 = \mathrm{Max}\, V_i Y_i \tag{8.5}$$

$$\text{s. t.} \quad \begin{cases} U_i X_i + U_{i+1} X_{+1i} = 1 \\ V_i Y_i - (U_i X_i + U_{i+1} X_{i+1}) \leqslant 0 \\ U_i > 0, U_{i+1} > 0, V_i > 0 \end{cases}$$

在考虑农业企业科技成果转化活动"黑箱"问题的情况下，需要满足两个条件：第一，同一种要素无论在哪个阶段，无论作为投入或是产出，其权重始终一致；第二，前沿面条件，即每个阶段都必须保证其累积产出不超过累积投入。基于此，构造考虑"黑箱"问题的中国农业企业科技成果转化效率评价网络 DEA 模型：

$$E_i^2 = \mathrm{Max}(W_i Z_i + V_i Y_i) \tag{8.6}$$

$$\text{s. t.} \quad \begin{cases} U_i X_i + U_{i+1} X_{+1i} = 1 \\ V_i Y_i - (U_i X_i + U_{i+1} X_{i+1}) \leqslant 0 \\ W_i Z_i - U_i X_i \leqslant 0 \\ V_i Y_i - (U_{i+1} X_{i+1} + W_i Z_i) \leqslant 0 \\ U_i > 0, U_{i+1} > 0, V_i > 0, W_i > 0 \end{cases}$$

根据模型（8.6）和模型（8.7）可以得到第 i 个中国农业企业科技成果转化效率为：

$$E_i = E_i^2 / E_i^1 \tag{8.7}$$

同时考虑到效率存在"截尾值"（Andersen & Petersen，1993）以及径向距离（Tone，2001）的问题，本章最终选择 SSBM–网络 DEA 模型来测算农业企业科技成果转化效率（TE）及其分解指标——知识研发效率（$RDEFF$）和科技成果商业化效率（$BUSEFF$）。测算因变量所需的农业企业科技转化投入产出数据指标如表8-1所示。

表8-1 测算农业企业科技成果转化效率所需的
投入产出指标及描述性分析

变量	平均值	标准差	最小值	最大值
研发人员	4.821	2.382	2.422	10.034
研发经费	117.768	92.659	22.240	362.206
专利	1.004	1.350	0.000	4.000
新品种	0.144	0.351	0.000	1.000
新工艺	0.490	0.682	0.000	2.000
新设备	0.958	1.927	0.000	6.000
新材料	0.316	12.163	0.000	1000.000
非研发人员	9.113	4.502	4.578	18.966
非研发经费	304.885	240.647	57.760	940.694
新产品销售收入	2617.237	3209.490	69.150	10000.000
技术服务收入	11.683	25.970	0.000	81.000

2. 主检验变量

主检验变量为政府补助（Gov_{it}），以农业企业科技总经费中政府补助所占比例表征。

3. 调节变量

创新政策（policy），本章选取1977~2017年中国国家立法机关、中央政府及所属部委制定并颁布的管理规范科学技术的科技法律、行政法规、部门规章和规范性文件，结合北大法宝法律法规检索系统整理出的4995条创新政策为政策样本，再借鉴彭纪生等（2008）有关技术政策力度的测量方法，对2009~2017年创新政策力度进行量化，以此表征创新政策。测量方法如下：

$$policy_i = \sum_{J=1}^{N} EG_{ij} \times p_{ij} \qquad (8.8)$$

其中，i表示年份，$i \in [1977, 2017]$；j表示i年颁布的第n项政策，$j \in [1, N]$；$policy_i$表示i年农业创新政策目标（措施）力度；EG_{ij}表示i年

第 j 条政策的政策目标（措施）得分；p_{ij} 表示在 i 年按照层级打分的第 j 条政策得分。

4. 控制变量

控制变量主要包括：农业企业规模（*scale*），以农业企业总资产表征；农业企业盈利能力（*roa*），反映农业企业的经营状况，以企业净利润与企业总资产的比值表征；信用等级（*credit*），一般来讲，农业企业的信用等级越高，其他企业与其开展合作的概率越大。除此之外，控制变量还包括农业企业所有制形式（*ownership*），包括国有企业、非国有企业；行业虚拟变量（*industry*），包括林业、畜牧业、水产业、植物保护业、资源利用业、农产品加工业、农林生态业、农业装备业、信息技术业、生物技术业以及其他行业；地区虚拟变量（*region*），包括东、中、西部地区；时间虚拟变量（*year*）跨度为 2009～2017 年，这些变量均为虚拟变量。

8.4　实证分析与结果讨论

8.4.1　基准回归分析

由于本章选择的数据类型为混合截面数据（即每年的样本数量均不相同），因此在回归时应选择混合回归模型，即将所有数据放在一起，类似截面数据那样进行普通最小二乘法（OLS）回归，回归中对标准误的估计应当使用聚类稳健的标准误，同一聚类的观测值允许存在相关性，而不同聚类的观测值则不同。在实证检验中，本章选择省份作为聚类标准。基于此，选择 2009～2017 年中国农业企业的混合截面数据，运用混合回归方法实证检验政府补助对中国农业企业科技成果转化效率及其分解指标的影响，结果如表 8-2 所示。

表 8 – 2　　　　　　　　　　混合回归模型实证检验结果

变量	科技成果转化效率		知识研发效率		科技成果商业化效率	
	系数	t 值	系数	t 值	系数	t 值
政府补助	0.003 **	2.420	0.044 ***	5.360	− 0.032 ***	− 2.890
企业规模	− 0.001 ***	− 13.070	− 0.006 ***	− 9.030	0.002	1.620
盈利能力	0.003 ***	4.720	0.011	1.120	0.025 *	1.970
信用等级	0.0001	0.660	0.001	1.510	− 0.001	− 1.300
所有制	− 0.011	− 1.380	− 0.001	− 1.125	− 0.001	− 1.227
地区	控制		控制		控制	
年份	控制		控制		控制	
常数项	0.022 ***	43.050	0.155 ***	22.210	0.180 ***	19.120
F 值	87.96		47.19		22.53	
R^2	0.203		0.161		0.121	

注：***、**、* 分别表示在 1%、5%、10% 的水平上显著。

由表 8 – 2 的回归结果可以看出：

（1）政府补助对农业企业科技成果转化效率影响的系数为 0.003（t 值为 2.420），通过了 5% 的显著性水平检验，这表明政府补助有助于中国农业企业科技成果转化效率的提高。实证结果验证了 H8 – 1，即政府补助对农业企业科技成果转化效率起到激励效应，有助于缓解农业企业创新剩余控制权不足以及研发风险高、周期长的问题，拓宽农业企业研发资源存量，提高农业企业科技成果转化积极性，从而提高科技成果转化效率。

（2）从政府补助对中国农业企业科技成果活动分阶段效率影响来看，政府补助对农业企业知识研发效率影响的系数为 0.044（t 值为 5.360），通过了 1% 的显著性水平检验，而对农业企业科技成果商业化效率影响的系数为 − 0.032，通过了 1% 的显著性水平检验。实证结果验证了 H8 – 2 和 H8 – 3，表明政府补助对中国农业企业科技成果转化效率的显著促进作用主要是通过提升农业企业科技成果转化活动第一阶段的知识研发效率实现的。"研发粉饰"以及"重研发、轻转化"的考核目标导致政府补助在科技成果商业

127

化阶段没有发挥应有的作用，因此政府在对农业企业进行资助时，应明确相应的科技成果商业化任务，调整"重研发、轻转化"的考核目标。

8.4.2 调节效应分析

在基准回归的基础上，以创新政策作为调节变量，检验其在政府补助对农业企业科技成果商业化效率影响中的调节作用，为避免"政府补助×创新政策"与其他项产生共线性，进行了中心化处理。

从表8-3调节效应的实证检验结果可以看出，创新政策与政府补助的交互项对农业企业科技成果商业化效率影响显著为正（系数为0.0003，t=3.6300），且通过了1%的显著性水平检验，表明创新政策对政府补助和农业企业科技成果商业化效率关系存在显著的正向调节作用，H8-4得以验证。即创新政策通过引导激励与规范行为政策工具，发挥了其对农业企业的支持效应与约束效应，引导企业加强对科技成果商业化的重视程度，从而使政府补助资金落到实处，提高了政府补助资金的配置效率，进而实现农业企业科技成果商业化效率的提升。

表8-3　　　　　　　　　　创新政策调节效应实证结果

变量	系数	标准差	t 值	p 值	95% 置信区间
政府补助	-0.4111***	0.1081	-3.8000	0.0010	[-0.6322, -0.1900]
企业规模	0.0016	0.0009	1.6600	0.1070	[-0.0004, 0.0035]
信用等级	0.0001	0.0007	0.1700	0.8680	[-0.0013, 0.0016]
盈利能力	0.0298*	0.0148	2.0100	0.0540	[-0.0005, 0.0601]
创新政策	-0.0003***	0.0000	-11.0000	0.0000	[-0.0003, -0.0002]
地区	控制				
所有制形式	控制				
年份	控制				
政府补助×创新政策	0.0003***	0.0001	3.6300	0.0010	[0.0001, 0.0004]
常数项	0.5572***	0.0403	13.8300	0.0000	[0.4748, 0.6397]

注：***、*分别表示在1%、10%的水平上显著。

128

8.5 本章小结

本章基于中国农业企业 2009～2017 年的微观混合截面数据，在选择 SSBM－两阶段网络 DEA 测度农业企业科技成果转化效率的基础上，实证检验政府补助对中国农业企业科技成果转化效率及其分解指标（包括知识研发效率和科技成果商业化效率）的影响。此外，本章还考察了创新政策对政府补助与中国农业企业科技成果商业化效率关系的调节作用。得到以下主要研究结论：

（1）政府补助能显著促进中国农业企业科技成果转化效率提高，且政府补助对农业企业科技成果转化效率的促进作用是通过提高农业企业科技成果转化活动第一阶段的知识研发效率来实现的；政府补助对农业企业科技成果转化活动第二阶段的科技成果商业化效率的影响则不显著。

（2）创新政策对政府补助与中国农业企业科技成果商业化效率的关系起到显著的正向调节作用，即良好的创新政策有助于政府补助发挥其对农业企业科技成果商业化效率的促进作用。

第**9**章

开放式创新与中国农业
企业科技成果转化效率

9.1 引言

    农业企业的科技成果转化活动存在高风险性、长周期性、不确定性和正外部性，因此研发存量不足的农业企业不能一味地开展独立创新，农业企业应基于自身市场导向性强的优势，通过与高校、科研机构等合作进行开放式创新，实现科技人才、技术知识等异质性资源的获取，从而实现创新涌动与效率提高（陈劲和阳银娟，2012；袁旭梅等，2018）。

    开放式创新是企业在创新活动的过程中，基于广泛的外部合作与协同，实现对外部异质性资源的整合与内部资源的优化，从而实现创新水平跃升的一种模式。自从切萨布鲁夫（Chesbrough，2003）首次提出开放式创新的概念与理论以来，后续诸多研究均证实了开放式创新在企业创新活动中的积极作用，学者们普遍发现开放式创新在工业企业、高新技术企业以及大中小企业的创新实践中均发挥了重要作用（Mina et al.，2014；Nakagaki et al.，2012；André et al.，2010），认为开放式创新是企业积极寻求异质性资源的过程，通过模糊企业边界实现对异质性创新要素的获取与内化，从而实现创新溢出的过程（Gassmann & Enkel，2004；

Laursen & Salter, 2006)。同时，在此过程中，创新主体以共赢为根本目标，基于知识互补、异质性资源分享、人才双向流动与培养等路径，与其他创新主体动态耦合，形成兼具动态性、互补性、流动性与开放性的稳固的协作网络（Zollo & Singh, 2002），不仅可以增加企业的研发资本，降低研发的不确定性，而且还有助于缩短创新链，实现要素有机结合，从而提高企业创新产出（Mcginnis & Vallopra, 2010; 阳银娟和陈劲, 2015; 陈艳和范炳全, 2013; 解学梅和刘丝雨, 2015）。

然而开放式创新一定是有效的吗？也有许多学者认为开放式创新存在诸多制约因素。由于开放式创新涉及多个主体，各创新主体的目标导向、话语权有所差异，且为保证自身"专属性"，极有可能产生信息不对称问题，从而衍生出道德风险与机会成本（Gerwin, 2004; Lichtenthaler, 2009）。同时，不同创新主体的吸收能力、管理模式以及企业文化存在不同，加之开放式创新是一个动态的过程，各参与方的知识管理水平、技术水平以及地位在此过程中面临多轮变更，从而导致沟通、协商出现冲突，影响开放式创新的效果（Tom et al., 2009; Keupp & Gassmann, 2009; Das & Teng, 2000）。此外，学者们也普遍认为开放程度、核心知识泄露等问题也容易导致"开放式悖论"（Laursen & Salter, 2006; Hippel, 2010）。

从已有研究来看，开放式创新的有效性尚未得到一致的结论。在已有研究的基础上，还有两个问题有待进一步探究：一是开放式悖论问题；二是能力平衡问题。首先，开放式悖论认为，企业在对外联系与合作的过程中，会弱化其组织边界，从而实现对外部多元化知识和资源的获取与整合，但合作是双向的，在知识与资源双向流动的过程中，不可避免地会出现核心技术泄露与道德风险等负面问题（Bake, 2016）。因此，在开放式创新过程中如何有效避免负面问题的发生，是选择开放式创新企业首要面临的问题。其次，开放式创新的本质是实现外部资源内化到研发实践的过程。基于知识管理相关理论，首先要实现对外部知识的吸收，然后将吸收的新知识集成到研发实践过程中，该过程涉及企业的吸收能力与集成能力。如果企业的吸收能力与集成能力发展不平衡，即吸收能力强而集成能力弱，或者吸收能力弱但集成能力强，则企业在开放式创新过程中很难实现外部资源的吸收并集成到研发实践中。

研究开放式悖论与能力平衡问题在农业企业开放创新过程中具有重要意义，但现有文献较少涉及。首先，尽管有研究认为开放式创新存在诸多制约因素，但大多数文献认为企业应加强开放式创新，从而忽略了开放式创新环境的复杂性与动态化，开放式创新过程中可能存在的技术泄露、道德风险、机会成本等问题需要企业在决策阶段就加以考虑。根据高层梯队理论，高管在决策过程中多会依赖于自身所固有的认知习惯与知识积累（肖挺，2016），这会影响开放式创新的过程以及可行性预判。首席执行官（CEO）作为农业企业的战略决策者与资源分配者，其学术经历与研发经历必然会影响其对企业开放式创新的决策。因此，对于 CEO 特征，尤其是其研发经历与学术经历在开放式创新与农业企业科技成果转化效率之间发挥何种作用需要进行进一步研究。其次，开放式创新的本质是要实现对外部多元化知识技术的获取、整合与迭代升级，是动态的过程，在此过程中，企业能力水平构建发挥重要作用。现有文献多研究了吸收能力、解析能力的作用（何郁冰，2015），但未从动态的视角去审视企业能力平衡的问题。因此，在企业的开放式创新过程中，企业应该如何动态调整自身能力以实现对内外部多元化知识技术的吸收与整合，值得深入研究。

中国农业企业发展时间尚短，主要选择引进、消化再吸收的路径以实现自身创新能力的跃升，尤其是在研发体量不足、自主创新能力较弱的情况下，选择开放式创新具有重要意义。但在复杂多变的开放式环境下，与合作共同存在的还有机会主义与隐性的、碎片化的外部知识。农业企业 CEO 特征与能力平衡在开放式创新中发挥着重要影响。

本章首先构建了理论分析框架，并在此基础上检验农业企业开放式创新对科技成果转化效率的影响，进而探究农业企业 CEO 特征与能力平衡在其中发挥的作用。相较于其他研究，本章的学术贡献体现在：以微观农业企业数据为样本，选择 SSBM-网络 DEA 模型测算其科技成果转化效率，剖析其科技成果转化过程这个"黑箱"；在此基础上分析开放式创新对农业企业科技成果转化效率的影响，并探究此过程中农业企业 CEO 特征与能力平衡的作用机理，为深入研究开放式创新提供了一个新思路。

9.2　理论基础与研究假说

9.2.1　概念界定

1. 开放式创新

开放式创新是指企业以共赢为根本目标，基于知识互补、技术分享，积极寻求异质性资源的过程，通过模糊企业边界，实现对异质性创新要素的获取与内化，实现创新溢出，从而形成兼具动态性、互补性、流动性和开放性的稳固的协作网络。自切萨布鲁夫（2003）首次提出开放式创新的概念以后，诸多学者开展了相关后续研究（Gassmann & Enkel，2004；Laursen & Salter，2006），指出相对于封闭式创新，开放式创新无明显边界，旨在将外部资源内化到研发活动中，同时将科技成果转让、出售给其他创新主体，并将获利反馈自身研发体系。基于上述概念，借鉴已有研究，本章以农业企业外部科技成果转化经费来源和技术转让收入表征农业企业外向开放式创新。

2. 能力平衡

开放式创新过程不仅要实现对外部知识的吸收（何郁冰，2015），还要解决已有知识与吸收的新知识进行集成的问题（Kogut，1992）。动态能力理论认为动态能力是企业对相应能力获取、改进和升级的高纬表现，动态能力理论与资源基础观相互作用，实现了对资源基础的优化配置。基于以上分析，在开放式创新过程中，农业企业能力包括两方面：对异质性知识技术的吸收能力和对内化知识技术升级改造的集成能力。研发人员"心智模式"的有效发挥是实现异质性资源内化吸收的关键（吸收能力），而研发资本存量则是农业企业实现内化知识更新升级，进而生产出新科技成果和新产品的物质保障（集成能力）。根据吸收能力和集成能力的不同组合，将农业企业创新能力平衡状态划分为双核创新Ⅰ、集成创新Ⅱ、瘦狗创新Ⅲ和知识创新Ⅳ四种类型。农业企业创新能力平衡状态的类型划分如图9－1所示。

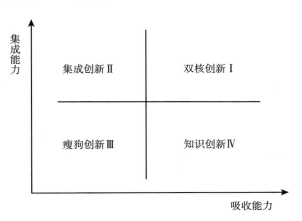

图9－1 农业企业能力平衡类型

9.2.2 研究假说

1. 开放式创新对农业企业科技成果转化效率的影响

传统的创新范式是线性的、封闭的，是通过内部研发实现技术突破，构建技术壁垒，实现技术转化并获得经济效益，从而实现企业竞争力的模式（Barney，1991），这种模式以内部研发为基础，能够实现企业知识管理水平的形成。但随着市场环境的迅速变化，用户需求日益增多，企业间的竞争逐渐加剧，线性的创新模式不仅在技术、市场及战略等方面存在较大的不确定性，同时也容易产生核心刚性问题。

针对这些问题，越来越多的企业与学者认识到封闭式创新存在的不足，开放式创新应运而生。开放式创新强调企业模糊、打破组织边界，形成创新的开放性与协同性，通过强化与外部创新主体的耦合互动，实现外部优势资源的内化与升级（王萧萧等，2018）。

开放式创新促进了企业科技成果转化。首先，基于社会网络理论，外部合作网络的异质性资源与内部资源对企业的创新发展同等重要，企业应突破边界的限制，强化与外部主体的协作，实现社会网络新知识、新技术的获取、吸收与升级，是企业独立研发的重要补充（杨震宁和赵红，2020）。开放式创新有助于降低单纯独立创新所产生的内部资源锁定问题，从而提高多样化技术组合与创新开发的成功概率（Lyu et al.，2020）。其次，企业开放程度越高，其参与的社会网络也就越大。企业的横向联结有助于其获得更广泛、更全面、多视角的知识技术，纵向联结则能获取供应商、客户与市场的多元化信息，不仅有助于新创意的产生，还能动态把握市场与环境变化，降低研发与转化活动的不确定性，从而提高转化效率（郭海和韩佳平，2019；Wynarczyk，2013）。再其次，当企业与其他合作主体形成更为密切以及关系互动、资源互换更为频繁的社会网络关系后，企业不仅更易获得异质性的外部知识技术，还可以在此过程中接触到其他主体的核心技术，从而实现自身创新能力的提升（Squire，2010；Chen，2011）。最后，开放式创新不仅能够使企业获得更广泛的技术知识，还能了解技术发展的趋势，基于外部知识技术的获取与分析，准确把握未来技术发展的路径与轨迹，实现技术预见，从而更高效、更前瞻地进行创新，实现研发与转化效率的提升（Chen，2011）。

当然，许多学者指出，开放式创新应有合理区间，进行适度开放（Laursen & Salter，2006）。一是开放式创新会产生大量机会成本。企业实施开放式创新的第一步就是要确定合作主体，合作主体的确定是一个不断尝试的过程，需花费大量的人力、物力方面的搜寻成本；由于各主体间互补、文化、兼容及相称方面的差异（4C差异）导致企业面临协调成本；此外，企业在开放式创新过程中还面临着核心技术泄露的风险成本（Laursen & Salter，2006；Brouthers et al.，1995；高良谋和马文甲，2014）。因此，当企业开放式创新超出适宜区间后，过度的开放式创新会导致上述三个方面的成本增加，从而影响企业的创新活动与转化效率。二是开放式创新程度的加深容易产生"关系锁定"。即随着企业开放式创新的深入推进，企业往往建立了较为牢靠的社会网络，从而不断深化与现有社会网络成员间的合作，导致企业固化在现有社会网络内，而忽略了对现有社会网络的进一步扩展。这不仅导致企业产生外部技术依赖的问题，还存在由于多元化信息获取的减少导致技术预见性与市场反应能力降低的问题，从而影响企业的创新活动与转化效率（Hagedoorn & Wang，2012）。三是过度开放式创新易导致研发人员的抵触心理与角色转变问题。开放式创新过程中的资源是双向传输的，企业消耗大量研发资源所产生的技术授权给合作方时，部分研发人员尤其是参与此技术创新的研发人员易产生较强的抵触心理（Rivette & Kline，2000）。同时，企业进行开放式创新过程中额外赋予了研发人员合作对象识别、合作流程监督、前瞻的创新远见以及异质性资源消化的任务，额外赋予研发人员的任务与现有 R&D 活动之间关系的冲突导致研发人员短期内难以实现角色转变（Giorgio et al.，2012）。四是开放式创新易导致研发部门内部冲突。内部研发与开放式创新是互为补充又相互竞争的，这两种模式的并存必然会带来研发部门内部双元化，双元之间既有合作也有竞争和冲突，资源分配与任务分工的不合理必然会带来各种矛盾和冲突（张永成等，2015）。基于以上分析，提出以下研究假说。

H9 - 1：开放式创新与农业企业科技成果转化效率之间存在倒"U"型关系。

2. CEO 特征对开放式创新与农业企业科技成果转化效率关系的调节作用

根据高层梯队理论，由于企业面对的内外部环境较为复杂，高管在决策过程中多会依赖于自身所固有的认知习惯与知识积累（Hambrick & Mason，1984）。因此，从本质上讲，企业 CEO 对创新行为的决策是一个有限理性的过程，存在较强的路径依赖问题。开放式创新作为企业创新行为的一种，CEO 的固有认知和行为习惯会影响其作用的有效发挥，从而影响企业的科技成果转化活动。相对于本身所固有的性别、学历等特征，CEO 后天所拥有的职业背景对其思维认识和思考模式的影响更为明显。作为农业企业的战略决策者与资源分配者，CEO 的学术经历与研发经历都会影响企业开放式创新。

（1）CEO 学术经历的调节作用。CEO 的学术经历往往使其具备以下几种特质。一是知识创新属性。学者型 CEO 在担任农业企业高管之前的经历通常是从事学术研究进而发表学术论文、申请专利等工作，这些工作的本质要求其进行创新与创造，是一个不断尝试的过程，不仅需要积累大量的专业知识与技能，还要熟悉本专业的前沿知识、掌握本专业的发展方向与动态，因此学者型 CEO 多是本领域的杰出学者，相对无学术经历的 CEO 有更多的独到见解与专业知识（章永奎等，2019）。此外，在学术研究过程中，要不断地进行思考、尝新与试错，是一个资源整合与再创新的过程。长期的学术生涯锤炼了学者型 CEO 多元化思维发散、逆向化思维推理以及批判性思维假设的能力，因此学者型 CEO 相比非学者型 CEO 更具创新意识与创造思维（张晓亮等，2019）。二是声誉属性。戴蒙德模型（diamond model）认为现阶段声誉已经不仅存在于无形的观感层面，而是逐步发展为一种有形的、具备价值的资产，声誉对于企业发展以及个人进步的作用开始凸显。教授和学者群体往往被公众赋予了很高的社会地位，学者职业的评分处于前十位，且将近 70% 的公众勾选了"非常满意"或"满意"的评分项（姜付秀等，2019），表明公众对于学者的声誉认可度极高，声誉对于学者型 CEO 可谓是一块"金字招牌"（Bernile et al.，2017）。三是网络资源属性。CEO 的学术经历使其形成了较为丰富的校友、同事、学生等知识网络资源（章永奎等，2019）。四是道德责任属性。学者型 CEO 之前的教书育人经历很大程度上强化了其行为修养与道德责任，同时"家国天下"的使命感与"兼济天下"的思想也养成了学者型 CEO 更高的道德观念（Cho et al.，2015）。

基于以上分析，本章认为 CEO 学术经历对开放式创新与农业企业科技成果转化效率之间的调节作用是分阶段的。在开放式创新的最初阶段，企业开展开放式创新旨在通过强化与外部主体的联系实现异质性资源的获取，进而促进其创新活动，提高转化效率。该阶段 CEO 学术经历起到正向调节作用。首先，学者型 CEO 的知识创新属性更为丰富，具备更多的专业知识，也更关注企业在创新方面的资源与战略，因此 CEO 的学术经历发挥了开放式创新的"放大器"作用，基于自身的专业性和创新思维实现开放式创新过程中研发资源的合理配置与外部资源的优化处理，进而优化农业企业创新活动，提高农业企业科技成果转化效率。其次，农业企业在开放式过程中面临搜寻成本，此时学者型 CEO 基于自身的网络资源属性，可通过其丰富的校友、同事、学生等知识网络资源实现与外部主体的联系与协作，从而降低搜索成本。最后，农业企业在开放式创新过程中建立稳定的开放式社会网络存在较高的协调成本，而学者型 CEO 的声誉属性决定了其社会大众的认可度较高，更容易形成较为稳定的合作关系，提升开放式创新的稳定性。

基于以上分析，在开放式创新的最初阶段，CEO 学术经历能够正向调节开放式创新与农业企业科技成果转化效率之间的关系。随着农业企业开放式创新程度的进一步加深，CEO 学术经历的调节作用呈现出更为复杂的特征。第一，随着开放程度的进一步加深，农业企业极有可能面临较强的"关系锁定"问题，忽略了对现有社会网络的进一步扩展，而学者型 CEO 所拥有的丰富校友、同事与学生网络资源会在一定程度上缓解"关系锁定"所带来的负面影响。第二，随着开放式创新的深入，一方面，农业企业研发人员易产生因核心知识共享而带来的抵触心理，角色转换带来的短期不适，研发部门易产生双元冲突；另一方面，合作联盟中各主体之间也可能随着技术水平及地位在开放式过程中面临多轮变更，从而导致沟通、协商出现冲突，此时学者型 CEO 所具备的声誉属性与道德属性能够带来更多的"信任感"，从而缓解研发人员的抵触心理、研发部门之间的双元冲突以及合作方之间的不信任。因此，随着开放式创新程度的深化，CEO 学术经历能够增强开放式创新与农业企业科技成果转化效率之间的关系。基于以上分析，提出以下研究假说。

H9-2：CEO 学术经历正向调节开放式创新与农业企业科技成果转化效率之间的关系。

H9-3：CEO 学术经历对开放式创新与农业企业科技成果转化效率之间的倒"U"型关系起弱化作用。

（2）CEO研发经历的调节作用。CEO的研发经历锤炼了其以下几种特质。一是识别监督属性。即技术型CEO具有丰富的研发经历，具备多年的相关行业研发经验与实践，因此具备识别管理层与研发人员的研发操控、研发粉饰以及不当研发收益等行为的能力，并予以监督（胡元木和纪端，2017）。二是机会识别能力。依据"干中学"理论，CEO的研发经历使其积累了丰富的经验和专业技能，易实现对经验技能的总结归纳与迭代升级，从而提高技术型CEO识别创新机会、前沿趋势与长期发展的能力，能够把握好当前领域的创新方向，提高决策效率、创新资源整合能力，从而降低企业研发的风险性与不确定性（Wincent et al.，2010；韩忠雪等，2014）。三是激励属性。CEO的研发经历能够培养倾向于研发创新的惯性思维和行为方式，并体现在其制定企业创新战略的时候（刘中燕和周泽将，2020）：其一，具有研发经历的CEO更加重视研发人员，更能有效掌握研发人员的诉求与现实需要，能制定合理有效的考核评价机制，激发研发人员的创新活力与创新动力，并通过情景带入的方式缓解研发人员与部门的冲突（Roberts et al.，2006）；其二，具有研发经历的CEO能够明晰创新活动的长期性与不确定性，具有对创新活动的容错性与前瞻性能力，在出现阶段性研发失败时不仅会减少对研发人员的苛责，而且会鼓励其继续展开研究，从而提高研发人员的积极性与企业的创新氛围。

基于以上分析，本章认为CEO学术经历对开放式创新与农业企业科技成果转化效率之间的调节作用是分阶段的。在开放式创新的初始阶段，首先，CEO的研发经历使其能够更好地判断外部主体是否属于优质合作者，同时CEO的研发经历能够使其很好地把握本行业的研发动态，更好地确定合作者，从而降低农业企业的搜寻成本；其次，CEO的机会识别属性在农业企业开放式创新过程中充分发挥了"放大器"作用，能够更好地实现外部资源内化整合。因此，在农业企业开放式创新的初始阶段，CEO的研发经历正向调节开放式创新对科技成果转化效率的积极作用。随着农业企业开放式创新程度进一步加深，CEO研发经历的调节作用可能呈现出更为复杂的特征。一方面，伴随着开放式创新程度的进一步加

139

深，农业企业极有可能面临较强的"关系锁定"问题，忽略了对现有社会网络的进一步扩展，此时，技术型CEO的机会识别属性能够保持农业企业不断进行研发方向的调整，从而有效缓解因"关系锁定"带来的负面问题。此外，随着开放式创新程度的加深，农业企业面临核心知识泄露的问题，技术型CEO具备的监督属性与研发经历则能很好地识别可能的核心技术泄露问题，从而降低核心技术泄露的概率。从这个角度看，随着开放式创新的加强，CEO研发经历能够继续增强开放式创新与农业企业科技成果转化效率之间的关系。但随着开放式创新程度的进一步加深，由于技术水平及地位在开放式创新过程中多轮变更导致的沟通协商冲突、因核心知识共享产生的研发人员抵触心理与短期不适、研发部门产生的双元冲突都很大程度上制约了开放式创新的进一步发展，而具备研发经历的CEO在矛盾缓解与关系维护方面则有所欠缺，微软优秀工程师离职创业成功率极低的例子是该观点强有力的佐证。因此，CEO研发经历很难化解由于开放式创新进一步加深而带来的各种冲突与矛盾。可见，随着开放式创新的加强，CEO研发经历难以继续增强开放式创新与农业企业科技成果转化效率之间的关系。基于以上分析，提出以下研究假说。

H9-4：CEO研发经历正向调节开放式创新与农业企业科技成果转化效率之间的关系。

H9-5a：CEO研发经历对开放式创新与农业企业科技成果转化效率之间的倒"U"型关系起弱化作用。

H9-5b：CEO研发经历对开放式创新与农业企业科技成果转化效率之间的倒"U"型关系起强化作用。

3. 吸收能力与集成能力平衡度的调节效应

开放式创新本质上是一个知识资源内化的过程，基于动态能力理论与资源基础观，开放式创新包括两个阶段。第一阶段，农业企业一方面基于自身高质量的研发人员实现对合作主体显性知识的内化吸收，并编译为适合自身创新活动的"标准知识"（显性知识—隐性知识—标准知识）；另一方面发挥"心智模式"，实现对合作主体隐性知识的吸收（隐性知识—隐性知识—标准知识）（张永成等，2015）。第二阶段，在对外部知识技术吸收内化编码后，应将编码后的知识技术整合于研发活动中，根据产业需要，实现知识的更新升级，进而生产出新科技成果与新产品，此阶段需要足量的研发经费投入。同时，新科技成果与新产品带来的收益则又可以反馈于开放式创新活动，促进开放式创新升级，从而形成知识资源的交互过程（见图 9 - 2）。基于以上分析，本章认为吸收能力与集成能力是影响开放式创新效果的重要因素。

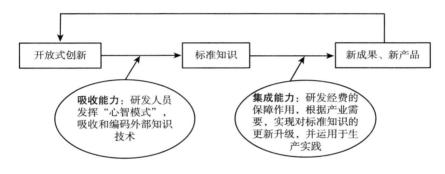

图 9 - 2　开放式创新下知识资源的交互过程

　　吸收能力和集成能力在开放式创新过程中均发挥着重要作用，因此必须实现吸收能力与集成能力的协调发展。若农业企业吸收能力与集成能力发展失衡，则农业企业在开放式创新过程中很难实现外部资源的吸收并集成到研发实践中。（1）吸收能力强而集成能力弱。此时农业企业在开放式创新过程中可以实现对合作伙伴显性知识与隐性知识的破解、吸收与表达（Lichtenthaler & Lichtenthaler，2010），由于集成能力较弱而导致对外部知识技术迭代升级、集成利用的能力较差，而吸收能力与集成能力的不平衡导致大量外部知识技术（可能包括其他企业核心技术）未能集成到农业企业创新实践中，导致企业搜寻成本、协调成本、风险成本的浪费，长期内还可能挫伤农业企业研发人员的动力。（2）吸收能力弱但集成能力强。农业企业在开放式创新过程中能够有效对获取的外部知识进行集成与迭代升级，但吸收能力不足导致农业企业难以获取到关键核心的外部显性知识或隐性知识，从而导致农业企业机会成本提高。此外，农业企业吸收能力不足，导致农业企业接触并获取外部技术的能力较差，加大了核心刚性问题产生的可能（王冬冬，2013）。基于以上分析，提出以下研究假说。

H9 – 6：吸收能力和集成能力不平衡度负向调节开放式创新未超过阈值时对农业企业科技成果转化效率的影响，且加剧了开放式创新超过阈值后对农业企业科技成果转化效率的负向影响。

基于上述分析，本章构建了开放式创新与农业企业科技成果转化效率关系的理论分析框架（见图9 – 3）。

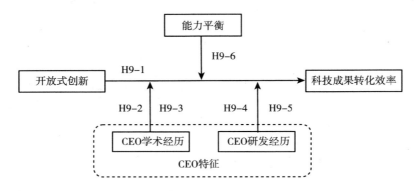

图9 – 3　开放式创新与农业企业科技成果转化效率关系的理论分析框架

9.3　模型构建与变量选择

9.3.1　数据来源

本节数据样本来自中华人民共和国科学技术部2014～2017年农业科技成果转化资金项目。研究样本选择的中国农业企业应具备以下条件。第一，注册地为中国境内、具备独立法人资格，且控股形式为内资控股，注册资金应不低于五十万元人民币，同时应具备界定清晰的产权制度与透明完善的财务管理制度，经营业绩良好，注册成立 1 年以上资产负债率不超过 60%。第二，农业企业的主营业务范围为农业科技研发、农机开发生产、农业技术服务以及农业装备生产等，且应具备完善的治理结构，重视农业科技创新，有 R&D 经费投入，且有能力实现对农业科技成果的转化，具备较强的市场导向。第三，应具备一批可以转化的农业科技成果，且所具备农业科技成果须符合国家产业政策、有明晰的知识产权。2014～2017 年，样本农业企业共 6726 家，基于以上原则，剔除了主营业务非农业科技研发、农机开发生产、农业技术服务以及农业装备生产的农业企业，无研发经费投入和研发人员投入的农业企业，以及未披露 CEO 是否具有学术经历与研发经历的农业企业共计 4582 家，最终获得符合本研究的样本农业企业 2144 家，数据类型为 2014～2017 年的混合截面数据。

9.3.2 模型构建

首先，实证检验开放式创新与农业企业科技成果转化效率的关系以及 CEO 经历的调节作用，构建模型如下：

$$te_{it} = \alpha_0 + \alpha_1 OI_{it} + \alpha_2 OI_{it}^2 + \alpha_5 x_{it} + \varepsilon_{it} \tag{9.1}$$

$$te_{it} = \alpha_0 + \alpha_1 OI_{it} + \alpha_2 OI_{it}^2 + \alpha_3 rdceo_{it} + \alpha_4 schceo_{it} + \alpha_5 OI_{it} \times schceo_{it} + \alpha_6 x_{it} + \varepsilon_{it} \tag{9.2}$$

$$te_{it} = \alpha_0 + \alpha_1 OI_{it} + \alpha_2 OI_{it}^2 + \alpha_3 rdceo_{it} + \alpha_4 schceo_{it} + \alpha_5 OI_{it} \times rdceo_{it} + \alpha_6 x_{it} + \varepsilon_{it} \tag{9.3}$$

$$te_{it} = \alpha_0 + \alpha_1 OI_{it} + \alpha_2 OI_{it}^2 + \alpha_3 rdceo_{it} + \alpha_4 schceo_{it} + \alpha_5 OI_{it}^2 \times schceo_{it} + \alpha_6 x_{it} + \varepsilon_{it} \tag{9.4}$$

$$te_{it} = \alpha_0 + \alpha_1 OI_{it} + \alpha_2 OI_{it}^2 + \alpha_3 rdceo_{it} + \alpha_4 schceo_{it} + \alpha_5 OI_{it}^2 \times rdceo_{it} + \alpha_6 x_{it} + \varepsilon_{it} \tag{9.5}$$

其中，te 表示农业企业科技成果转化效率，OI 表示开放式创新模式，$rdceo$ 表示 CEO 的研发经历，$schceo$ 表示 CEO 的学术经历，x_{it} 为控制变量。模型（9.1）实证检验开放式创新对农业企业科技成果转化效率的影响，并加入了开放式创新的平方项，以此验证开放式创新与农业企业科技成果转化效率之间的倒"U"型关系；模型（9.2）和模型（9.3）分别加入了开放式创新与CEO学术经历、CEO研发经历的交互项，用来检验CEO经历对开放式创新与农业企业科技成果转化效率关系的调节作用；模型（9.4）和模型（9.5）分别加入了开放式创新平方与CEO学术经历、CEO研发经历的交互项，用来检验CEO经历在开放式创新与农业企业科技成果转化效率倒"U"型关系中的调节作用。

其次，实证检验吸收能力与集成能力不平衡度（unbalanced）对开放式创新与农业企业科技成果转化效率关系的调节作用，构建模型如下：

$$te_{it} = \alpha_0 + \alpha_1 OI_{it} + \alpha_2 OI_{it}^2 + \alpha_3 unbalanced_{it} + \alpha_4 OI_{it} \times unbalanced_{it} +$$
$$\alpha_6 x_{it} + \varepsilon_{it} \tag{9.6}$$

$$te_{it} = \alpha_0 + \alpha_1 OI_{it} + \alpha_2 OI_{it}^2 + \alpha_3 unbalanced_{it} + \alpha_4 OI_{it}^2 \times unbalanced_{it} +$$
$$\alpha_6 x_{it} + \varepsilon_{it} \tag{9.7}$$

9.3.3 变量选择

1. 因变量

因变量为中国农业企业科技成果转化效率（te）。农业企业科技成果转化活动的全过程包括第一阶段的知识研发和第二阶段的科技成果商业化，存在"中间产出"过程，但标准DEA方法缺乏对该过程的考虑（Fare et al.，2000），在此基础上建立农业企业科技成果转化活动两阶段网络DEA模型（见图9-4）。

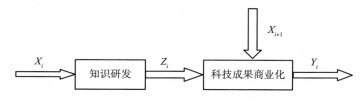

图9-4 农业企业科技成果转化活动两阶段网络DEA模型

图9-4中，两阶段网络 DEA 模型将农业企业科技成果转化活动的全过程划分为知识研发阶段和科技成果商业化阶段。在知识研发阶段，农业企业主要依靠 R&D 投入（X_i）产生诸如专利、新材料等中间产出（Z_i），而科技成果商业化阶段的主要目的则是将知识研发阶段的中间产出转化为具有经济效益的产品，此阶段中投入指标不仅包括 X_{i+1}，即人力物力投入，还包括 Z_i，即知识研发阶段的中间产出作为投入指标作用于科技成果商业化阶段，从而实现最终产出 Y_i。其中，知识研发的投入指标（X_i）包括农业企业科技总经费、人员中用于创新的部分，即研发经费投入和研发人员投入，该阶段的产出变量（Z_i）包括专利、新材料、新工艺、新设备和新品种；科技成果商业化阶段的投入指标一部分来自知识研发阶段产出的再投入（Z_i），另一部分则来自农业企业科技总经费、人员中的转化部分（X_{i+1}），此阶段的产出指标（Y_i）则以农业企业新产品销售收入和技术服务收入表征。

基于以上分析，构建农业企业网络 DEA 模型如下：U_i、U_{i+1}、V_i、W_i 分别为 X_i、X_{i+1}、Y_i、Z_i 的权重，在规模报酬不变情况下，若不考虑农业企业"黑箱"问题，可以得到中国农业企业第 i 个 DMU 的效率评价 DEA 模型：

$$E_i^1 = \mathrm{Max}\, V_i Y_i \tag{9.8}$$

$$\mathrm{s.\,t.} \begin{cases} U_i X_i + U_{i+1} X_{+1i} = 1 \\ V_i Y_i - (U_i X_i + U_{i+1} X_{i+1}) \leq 0 \\ U_i > 0, U_{i+1} > 0, V_i > 0 \end{cases}$$

在考虑农业企业科技成果转化活动"黑箱"问题情况下，需要满足两个条件：第一，同一种要素无论在哪个阶段，无论作为投入或是产出，其权重始终一致；第二，前沿面条件，即每个阶段都必须保证其累积产出不超过累积投入。基于此，构造考虑"黑箱"问题的中国农业企业科技成果转化效率评价网络 DEA 模型：

$$E_i^2 = \text{Max}(W_i Z_i + V_i Y_i) \tag{9.9}$$

$$\text{s. t.} \begin{cases} U_i X_i + U_{i+1} X_{+1i} = 1 \\ V_i Y_i - (U_i X_i + U_{i+1} X_{i+1}) \leqslant 0 \\ W_i Z_i - U_i X_i \leqslant 0 \\ V_i Y_i - (U_{i+1} X_{i+1} + W_i Z_i) \leqslant 0 \\ U_i > 0, U_{i+1} > 0, V_i > 0, W_i > 0 \end{cases}$$

根据模型（9.8）和模型（9.9）可以得到第 i 个中国农业企业科技成果转化效率为：

$$E_i = E_i^2 / E_i^1 \tag{9.10}$$

同时考虑到效率存在"截尾值"（Andersen & Petersen，1993）和径向距离（Tone，2001）的问题，最终选择 SSBM-两阶段网络 DEA 模型，测算因变量所需的农业企业科技成果转化投入产出数据指标如表 9-1 所示。

表 9-1　　　　农业企业科技成果转化效率测算指标描述性分析

变量	平均值	标准差	最小值	最大值
研发人员（个）	40.525	165.764	1.000	4200.000
研发经费（万元）	3043.301	89508.800	3.000	4557812.000
专利（件）	5.204	1.350	0.000	4.000
新品种（个）	0.746	0.351	0.000	1.000
新工艺（个）	2.539	0.682	0.000	2.000
新设备（个）	4.965	1.927	0.000	6.000
新材料（个）	1.637	12.163	0.000	1000.000
非研发人员（个）	18.070	24.522	3.000	438.000
非研发经费（万元）	1104.799	3009.174	77.000	95000.000
新产品销售收入（万元）	5842.942	3209.490	69.150	10000.000
技术服务收入（万元）	26.082	25.970	0.000	81.000

2. 主检验变量

本章主要检验开放式创新对农业企业科技成果转化效率的影响，由此开放式创新（*OI*）成为主检验变量。企业开放式创新不仅包括进行联合研发、技术服务的形式，还包括从政府、金融机构等获取知识资源的形式（Gabriele et al.，2018）。开放式创新主要包括内向开放式创新和外向开放式创新，因而开放式创新既包括从外部获取知识技术又包括将自身知识技术输出到外部等方面（陈劲和王鹏飞，2011）。在参考上述研究的基础上，借鉴林青宁和毛世平（2019）以专利许可收入与外部创新经费表征协同创新的做法，本章以外部研发与转化经费来源以及技术转让收入之和表征涉农企业开放式创新。

3. 调节变量

（1）CEO 的学术经历（*schceo*）或研发经历（*rdceo*）。其一，CEO 研发经历（虚拟变量）。若某农业企业 CEO 有研发经历或既有研发经历也有其他经历但认为研发经历对当前决策影响更大，设为 1，否则为 0。其二，CEO 学术经历（虚拟变量）。若某农业企业 CEO 有学术经历或既有学术经历也有其他经历但认为学术经历对当前决策影响更大，设为 1，否则为 0。

（2）吸收能力和集成能力不平衡度（*unbalanced*）。借鉴奉小斌和周兰（2020）的研究，吸收能力和集成能力不平衡度以吸收能力和集成能力差值的绝对值表示，该值越大说明吸收能力与集成能力的不平衡度越高。其中，吸收能力的内涵在于对外部知识的探索，基于知识基础观，人员是知识累积与流转的载体，王诗翔等（2014）的研究以研发人员占企业总职工数比例作为吸收能力的表征，考虑到研发人员指标在测算科技成果转化效率时已使用过，本章以农业企业职工总数中本科人员占比作为吸收能力的表征。集成能力的内涵在于将吸收的知识耦合到创新实践中，该过程中会涉及对技术的整合迭代和对研发设备的购买升级，需要大量经费投入，因此，本章以上年度科技开发总收入与上年度总收入的比值作为农业企业集成能力的表征变量，即上年度科技开发总收入占比越高，越能保障本年度有充足经费投入实现对技术的整合迭代与对研发设备的购买升级。

4. 控制变量

借鉴已有研究，选取的控制变量包括：农业企业规模（*scale*），以农业企业总资产表征；农业企业盈利能力（*roa*），反映农业企业的经营状况，以企业净利润与企业总资产的比值表征。除此之外，控制变量还包括农业企业所有制形式（*ownership*），国有企业取值为1，非国有企业取值为0；行业虚拟变量（*industry*），包括种植业、畜牧业、农产品加工业等十二类技术领域；地区虚拟变量（*region*），包括东部、中部和西部；时间虚拟变量（*year*），跨度为2014～2017年，这些变量均为虚拟变量。

以上各变量的描述性统计分析如表9-2所示。

表9-2　　　　　　　　　各变量描述性分析结果

变量	平均值	标准差	最小值	最大值
科技成果转化效率	0.496	0.081	0.292	1.382
企业规模	8.358	1.821	1.099	20.395
盈利能力	0.078	0.082	0.000	0.286
开放式创新	7.735	1.371	2.398	13.122
CEO学术经历	0.054	0.225	0.000	1.000
CEO研发经历	0.663	0.473	0.000	1.000
所有制形式	0.110	0.313	0.000	1.000
吸收能力与集成能力不平衡度	0.298	0.226	0.000	0.956

9.4　实证分析与结果讨论

本章选择层次回归模型探究开放式创新与中国农业企业科技成果转化效率之间的关系，以及该过程中CEO经历（学术经历或研发经历）、吸收能力与集成能力不平衡度的调节作用。为了避免多重共线性，调节效应检验时采用了中心化处理。在开放式创新超过阈值后进行CEO经历、能力不平衡度的调节效应检验时，本章借鉴杨震宁和赵红（2020）的方法，即加入主检验变量二次幂与调节变量的交互项。对模型（9.1）至模型（9.7）进行实证检验，回归结果如表9－3所示。

表 9 – 3 主效应及调节效应的回归结果

变量	模型 1	模型 2	模型 3	模型 4	模型 5	模型 6	模型 7	模型 8
开放式创新		0.030 *** (10.07)	0.030 *** (3.92)	0.025 *** (6.01)	0.030 *** (9.93)	0.031 *** (9.65)	0.038 *** (11.51)	0.032 *** (12.79)
开放式创新平方		− 0.066 *** (− 4.58)	− 0.066 *** (− 4.53)	− 0.054 *** (− 3.32)	− 0.066 *** (− 4.54)	− 0.067 *** (− 4.78)	− 0.079 *** (− 6.24)	− 0.053 *** (− 4.86)
CEO 学术经历			− 0.003 *** (− 3.97)	− 0.002 (− 0.50)	− 0.017 ** (− 2.66)	− 0.004 (− 0.84)		
CEO 研发经历			− 0.001 (− 0.26)	− 0.007 (− 1.56)	− 0.001 (− 0.25)	− 0.001 (− 0.07)		
能力不平衡							0.057 (0.87)	0.045 (0.68)
开放式创新 × CEO 学术经历			0.001 *** (5.24)					
开放式创新 × CEO 研发经历				0.001 ** (2.15)				
开放式创新平方 × CEO 学术经历					0.006 *** (4.28)			
开放式创新平方 × CEO 研发经历						− 0.002 * (− 1.76)		
开放式创新 × 能力不平衡度							− 0.021 *** (− 5.95)	
开放式创新平方 × 能力不平衡度								− 0.090 *** (− 6.67)
企业规模	− 0.001 (− 0.13)	− 0.004 *** (− 5.45)	− 0.004 *** (− 5.61)	− 0.004 *** (− 5.91)	− 0.004 *** (− 5.55)	− 0.004 *** (− 5.49)	− 0.003 *** (− 4.76)	− 0.004 *** (− 5.07)
盈利能力	0.001 (0.15)	0.001 *** (3.81)	0.001 ** (2.53)	0.001 ** (4.06)	0.001 ** (2.97)	0.001 ** (3.50)	0.001 (1.08)	0.001 *** (5.30)
所有制形式	− 0.007 * (− 1.76)	− 0.002 (− 0.64)	− 0.001 (− 0.13)	− 0.001 (− 0.30)	− 0.001 (− 0.22)	− 0.001 (− 0.36)	− 0.001 (− 0.81)	− 0.001 (− 0.23)
常数项	0.493 *** (60.36)	0.510 *** (60.63)	0.511 *** (57.02)	0.511 *** (57.02)	0.511 *** (56.72)	0.511 *** (57.25)	0.489 *** (60.88)	0.493 *** (56.54)
行业	控制	控制	控制	控制	控制	控制	控制	控制

变量	模型 1	模型 2	模型 3	模型 4	模型 5	模型 6	模型 7	模型 8
地区	控制	控制	控制	控制	控制	控制	控制	控制
年份	控制	控制	控制	控制	控制	控制	控制	控制
R^2	2.36	14.42	14.83	14.98	14.63	14.49	16.17	16.38
Adj-R^2	1.84	13.92	14.25	14.41	14.05	13.92	15.63	15.84
F 值	4.53	28.63	25.85	26.18	25.45	25.18	29.91	30.37

注：括号内为 t 值；*** 、** 、* 分别表示在 1%、5%、10% 的水平上显著。

从表 9-3 的回归结果可以看出：

（1）模型 1 为仅包括控制变量的零模型回归结果；模型 2 加入了主检验变量，旨在探究开放式创新对农业企业科技成果转化效率的影响；模型 3 至模型 8 加入了调节变量和调节效应项，旨在探究 CEO 经历、吸收能力与集成能力不平衡度对开放式创新与农业企业科技成果转化效率关系的调节作用。模型 2 结果显示，开放式创新与农业企业科技成果转化效率之间的关系显著为正（系数为 0.030，t 值为 10.07），开放式创新二次幂与农业企业科技成果转化效率之间的关系显著为负（系数为 -0.066，t 值为 -4.58）。说明开放式创新与农业企业科技成果转化效率存在倒"U"型关系，验证了 H9-1。研究结果说明，异质性资源对农业企业实现可持续增长具有重要作用，若农业企业创新行为过分聚焦内部，易导致创新活动滞后于竞争环境与市场环境的变动。同时还发现，农业企业在开放式创新过程中存在一个最优阈值，过度的开放式创新可能会导致农业企业出现成本大于收益、核心知识泄露和双元冲突等问题，从而影响其科技成果转化活动。该研究结论也曾在英国制造企业和欧洲社区创新企业的开放式创新实践中被证实过。

（2）从模型 3 可以看出，开放式创新与 CEO 学术经历交互项的系数为正，且通过了 1% 的显著性水平检验（系数为 0.001，t 值为 5.24）。同时从模型 5 可以看出，开放式创新平方与 CEO 学术经历交互项的系数为正，且通过了 1% 的显著性水平检验（系数为 0.006，t 值为 4.28）。当无调节效应时，计算超过阈值后开放式创新的斜率，求导可得：$-0.066 \times 2 \times OI = -0.132 \times OI$，斜率为 -0.132。当加入 CEO 学术经历调节项后，计算超过阈值后开放式创新的斜率，求导可得：$-0.066 \times 2 \times OI + 0.006 \times 2 \times OI = -0.12 \times OI$，斜率为 -0.12。即加入 CEO 学术经历调节项后，超过阈值后开放式创新的斜率变得更为平缓。综合模型 2 与模型 4 的结果，H9 - 2 与 H9 - 3 得以验证，即 CEO 学术经历正向调节开放式创新未超过阈值时对农业企业科技成果转化效率的影响，且有助于缓和开放式创新超过阈值后对农业企业科技成果转化效率的负向影响（见图 9 - 5）。开放式创新作为一种企业战略，其效果势必受到 CEO 作为企业战略决策者和资源分配者的影响，但现有研究较少从高阶理论的视角探究该问题。CEO 先前的学术经历培养了其知识属性、网络资源属性、声誉属性，不仅发挥了开放式创新未超过阈值时的"放大器"作用，其网络资源属性和声誉属性还能有效缓解农业企业开放式创新超过阈值后带来的关系锁定和双元冲突等问题。

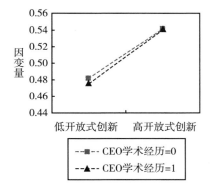
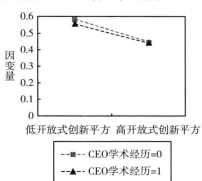

图 9 - 5 CEO 学术经历的调节效应

（3）从模型 4 可以看出，开放式创新与 CEO 研发经历交互项的系数为正，且通过了 5% 的显著性水平检验（系数为 0.001，t 值为 2.15），表明 CEO 研发经历正向调节开放式创新未超过阈值时对农业企业科技成果转化效率的影响。从模型 6 可以看出，开放式创新平方与 CEO 研发经历交互项的系数为负，且通过了 10% 的显著性水平检验（系数为 -0.002，t 值为 -1.76）。当无调节效应时，计算超过阈值后开放式创新的斜率，求导可得：$-0.067 \times 2 \times OI = -0.134 \times OI$，斜率为 -0.134。当加入 CEO 研发经历调节项后，计算超过阈值后开放式创新的斜率，求导可得：$-0.067 \times 2 \times OI - 0.002 \times 2 \times OI = -0.138 \times OI$，斜率为 -0.138。即加入

CEO 研发经历调节项后，超过阈值后开放式创新的斜率变得更为陡峭，说明 CEO 学术经历略微加强了开放式创新超过一定阈值后与科技成果转化效率之间的负向关系。综合模型 4 与模型 6 的结果，验证了 H9 - 4 与 H9 - 5b，即 CEO 研发经历正向调节开放式创新未超过阈值时对农业企业科技成果转化效率的影响，但无法缓和开放式创新超过阈值后对农业企业科技成果转化效率的负向影响（见图 9 - 6）。CEO 的研发经历使其具备了识别监督属性、机会识别属性与激励属性，在农业企业开放式创新未超过阈值时起到了"放大器"作用，但技术型 CEO 在矛盾缓解和关系维护方面的欠缺导致其很难化解由于开放式创新进一步加深而带来的双元冲突与关系冲突。

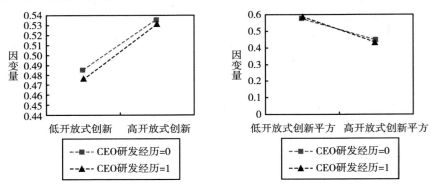

图 9 - 6　CEO 研发经历调节效应

（4）从模型 7 可以看出，开放式创新与能力不平衡度交互项的系数为负，且通过了 1% 的显著性水平检验（系数为 - 0.021，t 值为 - 5.95）。同时从模型 8 可以看出，开放式创新平方与能力不平衡度交互项的系数为负，且通过了 1% 的显著性水平检验（系数为 - 0.090，t 值为 - 6.67）。当无调节效应时，计算超过阈值后开放式创新的斜率，求导可得：$- 0.053 \times 2 \times OI = - 0.106 \times OI$，斜率为 - 0.106。加入能力不平衡度调节项后，计算超过阈值后开放式创新的斜率，求导可得：$- 0.053 \times 2 \times OI - 0.090 \times 2 \times OI = - 0.286 \times OI$，斜率为 - 0.286。即加入能力不平衡度调节项后，超过阈值后开放式创新的斜率变得更为陡峭。综合模型 7 与模型 8 的结果可知：吸收能力和集成能力不平衡程度负向调节开放式创新未超过阈值时对农业企业科技成果转化效率的影响，且加剧了开放式创新超过阈值后对农业企业科技成果转化效率的负向影响。H9-6得到验证（见图9-7）。现有研究对吸收能力在开放式创新过程中的作用机制探究较多，但农业企业开放式创新过程不仅要实现对外部知识的吸收，还面临对已有知识和吸收的新知识进行集成的问题，因此农业企业必须实现吸收能力与集成能力的协调发展，否则很难实现对外部资源的吸收并集成到研发实践中。

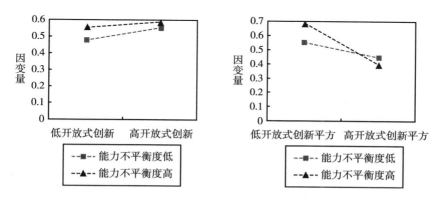

图9-7 能力平衡度的调节效应

9.5 本章小结

本章使用SBM-网络DEA超效率模型测算了2014~2017年2144家中国农业企业的科技成果转化效率，并实证检验了开放式创新对科技成果转化效率的影响，以及CEO经历、吸收能力与集成能力平衡度的调节作用。得到以下主要结论。

（1）开放式创新与中国农业企业科技成果转化效率之间存在倒"U"型关系。

（2）CEO学术经历与研发经历均正向调节开放式创新未超过阈值时对农业企业科技成果转化效率的影响，但CEO学术经历有助于缓和开放式创新超过阈值后对农业企业科技成果转化效率的负向影响，而CEO研发经历对开放式创新超过阈值后对农业企业科技成果转化效率的负向影响未起到缓和作用。

（3）吸收能力和集成能力不平衡度负向调节开放式创新未超过阈值时对农业企业科技成果转化效率的影响，且加剧了开放式创新超过阈值后对农业企业科技成果转化效率的负向影响。

本章的研究设计拓宽了开放式创新与科技成果转化相关理论，对提升农业企业创新能力具有较好的实践意义，具体体现在以下几个方面。第一，对农业企业科技成果转化活动的内在机理进行了深入剖析，并在其量化分析时选择了 SBM-网络 DEA 超效率模型，实现了科技成果转化"黑箱"的解构。第二，现有关于开放式创新的研究多集中在制造业、高新技术企业等，本章为洞察开放式创新的作用提供了中国农业企业的证据，丰富了开放式创新的实践意义。第三，现有关于开放式创新作用机制的研究多从吸收能力、组织学习与制度环境等角度展开，一定程度上忽略了 CEO 的战略决策和资源分配作用，以及吸收能力与集成能力的均衡发展。本章基于高阶理论与知识管理相关理论，将 CEO 经历、吸收能力与集成能力平衡度纳入理论分析框架中，为深入研究企业开放式创新的影响机制提供了一个新思路。

为切实加强开放式创新对中国农业企业科技成果转化效率的作用，首先，政府应通过强化共性平台建设等措施，引导外部资源向农业企业流动，同时农业企业要强化开放式创新意识，搭建相应的创新平台，实现对异质性知识技术的获取与吸收，并把握好开放式创新的"临界点"，避免产生负面影响；其次，农业企业要加强对 CEO 学术特质与研发经历的挖掘与培训，尤其是强化有研发经历的 CEO 在沟通交际与处理矛盾方面的培训；最后，要实现知识管理能力的平衡发展，避免出现吸收能力、集成能力失衡的现象，从而提高对外部知识资源的内化与集成。

本章还存在一定的研究局限，需要在未来的研究中进一步完善。首先，限于数据，未对开放式创新类型进行划分，企业的开放式创新还包括正式/非正式开放式创新、内/外向开放式创新等，因此，不同类型开放式创新对农业企业科技成果转化效率的影响是否存在差异、是否存在

154

不同的影响机制,值得继续研究;其次,本章发现开放式创新与农业企业科技成果转化效率之间存在倒"U"型关系,但未进行产业比较分析,未来应通过更详尽的数据获取,对开放式创新在农业企业、制造业企业以及新兴产业企业间的影响差异进行比较分析,以提供不同产业企业开放式创新的影响效果与机制差异;最后,限于数据,本章仅分析了 CEO 学术经历和研发经历的调节作用,但 CEO 之前的经历可能还包括从军经历、国外经历等,后续的研究可以尝试从多个角度对 CEO 的特质进行挖掘分析。

第10章
科技金融与中国农业企业科技成果转化效率

10.1 引言

科技金融是指为促进研究开发与科学进步而实施的一系列金融手段，服务于国家创新体系完善与金融体系建设（寇明婷等，2018）。国外关于科技与金融的研究多聚焦于金融对科技活动的影响，熊彼特（1912）在其著作《经济发展理论》中提出了金融工具对科技创新的重要性，此后希克斯（Hicks，1969）和佩雷斯（Perez，2002）均证实了金融对推动科技发展的作用。近年来，学者们从宏微观层面实证检验了金融在科技创新中的重要作用（Po-Hsuan et al.，2014；Wei et al.，2015），以及金融机构参与对企业创新活动与创新产出的积极作用（Gary & Michael，2005；Subash et al.，2015；Weber，2007；Hsu et al.，2013）。缺少金融支持制约了中国企业的创新发展（Guariglia & Liu，2014）。"科技金融"由中国科技金融促进会于1992年成立时提出，此后受到国内学者的普遍关注，国内关于科技金融对科技创新发展作用的研究主要集中在定性与定量两方面。在定性方面，学者们普遍认为科技金融是推动科技进步、加快中国经济转型的重要工具，并提出构建科技与金融深度融合机制、建设两者对接桥梁的相关建议（胡援成和吴江涛，2012；洪银兴，2011；徐玉莲和王宏起，2012）。在定量方面，学者们基于不同样本与方法得出了并不一致的研究结论。宏观层面，徐玉莲和王宏起（2012）研究发现科技金融与创新之间存在较强的协同关系；刘文丽等（2014）基于中国各省份的数据发现科技金融推动了中国经济发展，但存在地区差异；马凌远和李晓敏（2019）基于 PSM–DID 方法实证检验了科技金融与地区创新水平之间的正相关关系，且存在地区差异。除此之外，张玉喜和赵丽丽（2015）研究发现科技金融对科技创新的促进作用存在阶段性差异；郑磊和张伟科（2018）研究发现科技金融与地区创新水平之间存在以经济发展水平为门槛的正"U"型门槛效应。微观层面，翟华云和方芳（2014）研究发现科技金融对 A 股上市公司创新效率有显著的促进作用，叶莉等（2015）、钱水土和张宇（2017）对中小板、创业板以及 A 股上市公司的研究也佐证了该观点。

国内外已有文献从宏观和微观角度研究了金融对科技创新的影响，并探究了地区差异、阶段差异与门槛效应等，多数研究认为科技金融正向地影响了科技创新活动，但也存在不同结论。总体上看还存在以下扩展空间。（1）现有研究较少聚焦于微观层面，分行业研究更是缺乏，而不同行业企业的创新周期、难度及融资约束程度等均存在较大差异。以农业企业为例，农业企业由于成果转化周期长等问题，获得金融融资的难度较大，因此科技金融对农业科技创新活动的影响值得进一步探索。（2）科技金融作为一种资源注入或关系嵌入，会受到企业自身属性及管理层能力的调节，但现有研究对科技金融与科技创新之间作用机制的探究还较为缺乏，有必要深入探寻两者之间的机制路径。基于此，本章在使用 SSBM–DEA 模型测算中国农业企业科技成果转化效率的基础上，实证检验科技金融对农业企业科技成果转化效率的影响，并探究管理层能力和组织合法性的调节作用。

10.2 理论分析与研究假说

10.2.1 科技金融与农业企业科技成果转化效率

科技金融是指为促进研究开发与科学进步而实施的一系列金融手段，

诸如金融资金支持、金融工具升级、金融政策创新等，科技金融服务于国家创新体系完善与金融体系建设（寇明婷等，2018），在科技成果转化活动中发挥重要作用。根据投资主体不同，科技金融具体可分为政府科技金融和市场科技金融，其中，政府科技金融是指政府作为科技金融服务的投资主体，市场科技金融则是指资本市场与风险资本作为科技金融服务的投资主体（芦锋和韩尚容，2015）。政府科技金融更多是作为杠杆，撬动社会资本、社会主体参与到企业的科技创新活动中。本部分着重探究市场科技金融对农业企业科技成果转化效率的影响。

农业企业的科技成果转化活动包括知识研发与成果商业化阶段，存在高风险性、长周期性、不确定性和正外部性，该过程中存在较强的融资约束，亟须发挥科技金融的支持作用。总体来看，科技金融对农业企业科技成果转化效率的影响体现在以下几个方面。（1）规模效应。规模经济有利于企业创新与成长是古典经济学的一个重要论述，农业企业科技成果转化活动的知识研发和科技成果商业化阶段均需要充足的经费投入，且科技成果转化的风险性高、不确定性大。科技金融为农业企业的科技成果转化活动提供了融资便利度与融资持续性，农业企业在科技成果转化活动中可以有预期且"无后顾之忧"地扩大规模，从而有助于形成规模经济，促进农业企业创新与成长（蔺元，2010）。（2）关系效应。农业企业融资难的重要原因在于企业与金融机构之间存在较强的信息不对称。科技金融有助于农业企业嵌入到金融行业关系网络中，从而与网络中的各金融主体建立联系与互动，该过程中加强了农业企业与金融机构的连接与信任（李维安和马超，2014），不仅降低了双方之间的信息不对称问题，农业企业还能更容易地获得金融机构的融资以及信贷政策等优惠（Petersen & Rajan，1995）。（3）信号效应。科技金融向外界传达了一种利好信号，即获得金融机构融资的企业会被赋予"具备创新潜力、属于未来发展趋势"的标签，增强了农业企业在金融市场以及上下游合作方中的形象度，这样一来可以大幅减少农业企业的搜索成本与交易费用（王超恩等，2016）。（4）监督效应。依据金融机构监管理论，金融机构可以通过对企业信息的有效采集与分析，实现有效监督的目的（胡奕明和谢诗蕾，2005）。因此，借助科技金融可以使金融机构更全面、更便捷地掌握农业企业的信息，在农业企业可能的研发粉饰、管理层自利、研发资金挪用等方面发挥积极的监督作用，从而提高科技金融的效果，最终促进农业企业科技成果转化效率提高。基于以上分析，提出以下研究假说。

H10-1：科技金融与农业企业科技成果转化效率之间存在正相关关系。

10.2.2　组织合法性的调节作用

组织合法性是指社会公众（尤其是利益相关者）对企业的接受度、认可度和支持度（Zeitz，2002）。新制度经济学强调缺乏合法性易使企业陷入失败与死亡的陷阱，组织合法性对企业获取外部资源、获得认可、实现长远发展具有重要作用。组织合法性对科技金融与农业企业科技成果转化效率影响的调节作用体现在以下几个方面。（1）组织合法性高的企业在金融机构中树立了可以相互信任、值得长期合作的印象（Gibbs，1990），因此能够引致金融机构深度嵌入到农业企业科技成果转化过程中，由此农业企业能够获得更多的融资便利与融资优惠，从而放大了科技金融带来的规模效应与关系效应。（2）组织合法性在很大程度上属于农业企业的一项无形资产，能够给利益相关者带来"低风险、高收益"的心理预期，会吸引政府、供应链上下游企业、同行企业以及社会机构参与到农业企业的科技成果转化活动中（杜运周等，2012）。不仅如此，在市场监管还不完善的情况下，顾客更加认可高组织合法性企业的产品，由此能够高效配置科技金融带来的资金流，并运用于研发、商业化与推广活动，从而正向调节科技金融对农业企业科技成果转化效率的影响。（3）高组织合法性能够强化员工的积极性与忠诚度（孟猛猛等，2020），因此，科技金融所带来的资金流不仅能够被更有效地使用、重组与迭代，且降低了"搭便车"及"研发粉饰"的概率，从而正向调节科技金融对农业企业科技成果转化效率的影响。基于以上分析，提出以下研究假说。

H10－2：组织合法性正向调节科技金融对农业企业科技成果转化效率的影响。

10.2.3 管理层能力的调节作用

管理层作为现代企业的决策机构，拥有战略制定、生产经营等方面的决策权。根据高层梯队理论，由于企业面对的内外部环境较为复杂，高管在决策过程中多会依赖于自身所固有的认知习惯与知识积累，是一个有限理性的过程，存在较强的路径依赖。科技金融作为一种资源注入农业企业生产经营过程中，会受到管理层能力的影响。管理层能力对科技金融与农业企业科技成果转化效率影响的调节作用体现在以下几个方面。（1）现代企业的典型特征在于所有权与控制权的分离，由此产生了管理层与企业所有者之间的信息不对称问题（姚立杰和周颖，2018）。当企业绩效不佳时，管理层极有可能面临被辞退的风险，而企业的科技成果转化活动具有周期长、不确定性大等特征，基于管理层能力理论，管理层为了自身利益，有能力也有动机产生"研发挪用"行为，将科技金融的资金流挪用到可以短期见效的投资活动中。能力强的管理层更容易受到企业所有者的信任，在很大程度上避免了为实现短期绩效而忽视长期创新的行为。（2）能力越强的管理层具备更强的知识创新属性和更多的专业知识，也更关注企业的创新资源与创新战略，有积极开展创新活动的进取心（章永奎等，2019）。因此，管理层能力放大了科技金融在农业企业科技成果转化效率之间的作用，基于自身的专业性和创新思维，能够有效配置在科技成果转化过程中通过科技金融获取的研发资源，进而提高农业企业科技成果转化效率。（3）管理层能力越强，其技术预见以及机会识别能力越强，更容易把握本行业的研发动态、前沿趋势与创新方向，从而提高决策效率、创新资源整合效率（Baik et al.，2011），将科技金融带来的资源投入到高产出、高回报的研发项目中，提高农业企业科技成果转化效率。（4）与科技金融相结合的过程中，农业企业不仅面临相应的搜索成本、交易成本等，还面临因合作所产生的冲突与不信任。当管理层能力越强，其声誉效应也越强，可以有效缓解与金融机构之间的矛盾与冲突。此外，管理层能力强可以有效减少与利益相关者之间的交易成本（Wang，2013），最终正向调节科技金融与农业企业科技成果转化效率之间的关系。基于以上分析，提出以下研究假说。

H10－3：管理层能力正向调节科技金融对农业企业科技成果转化效率的影响。

基于上述分析，本章构建科技金融与农业企业科技成果转化效率关系的理论分析框架（见图10－1）。

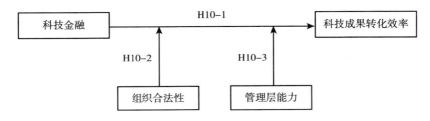

图 10 - 1　科技金融与农业企业科技成果转化效率关系的理论分析框架

10.3　模型构建与变量选择

10.3.1　数据来源与变量说明

本部分数据样本来自中华人民共和国科学技术部 2014～2017 年农业科技成果转化资金项目。研究样本选择的中国农业企业应具备以下条件。第一，注册地为中国境内、具备独立法人资格，且控股形式为内资控股，注册资金应不低于五十万元人民币，同时应具备界定清晰的产权制度与透明完善的财务管理制度，经营业绩良好，注册成立 1 年以上资产负债率不超过 60%。第二，农业企业的主营业务范围为农业科技研发、农机开发生产、农业技术服务以及农业装备生产等，且应具备完善的治理结构，重视农业科技创新，有 R&D 经费投入，同时有能力实现对农业科技成果的转化，具备较强的市场导向。第三，应具备一批可以转化的农业科技成果，且所具备农业科技成果须符合国家产业政策、有明晰的知识产权。2014～2017 年样本农业企业共 6726 家，基于以上原则，剔除了主营业务非农业科技研发、农机开发生产、农业技术服务以及农业装备生产的农业企业、无研发经费投入和研发人员投入的农业企业，最终获得符合条件的样本农业企业 6404 家，数据类型为 2014～2017 年的混合截面数据。

1. 因变量

因变量为中国农业企业科技成果转化效率（te）。农业企业科技成果转化活动的全过程包括第一阶段的知识研发和第二阶段的科技成果商业化，存在"中间产出"过程，但标准 DEA 方法缺乏对该过程的考虑（Fare et al.，2000），在此基础上构建中国农业企业科技成果转化活动两阶段网络 DEA 模型（见图 10 - 2）。

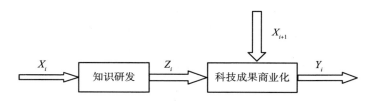

图 10 - 2　农业企业科技成果转化活动两阶段模型

图 10 - 2 中，两阶段网络 DEA 模型将农业企业科技成果转化活动的全过程划分为知识研发阶段和科技成果商业化阶段。在知识研发阶段，农业企业主要依靠 R&D 投入（X_i）产生诸如专利、新材料等中间产出（Z_i），而科技成果商业化阶段的主要目标则是将知识研发阶段的中间产出转化为具有经济效益的产品，该阶段中投入指标不仅包括 X_{i+1}，即人力物力投入，还包括 Z_i，即知识研发阶段的中间产出作为投入指标作用于科技成果商业化阶段，从而实现最终产出 Y_i。其中，知识研发的投入指标（X_i）包括农业企业科技总经费、人员中用于创新的部分，即研发经费投入和研发人员投入，此阶段的产出（中间产出）指标（Z_i）包括

专利、新材料、新工艺、新设备及新品种；科技成果商业化阶段的投入指标一部分来自知识研发阶段产出（中间产出）的再投入（Z_i），另一部分则来自农业企业科技总经费、人员中的转化部分（X_{i+1}），此阶段的产出（最终产出）指标（Y_i）则以农业企业新产品销售收入和技术服务收入表征。

基于以上分析，构建农业企业网络 DEA 模型，U_i、U_{i+1}、V_i、W_i 分别为 X_i、X_{i+1}、Y_i、Z_i 的权重，在规模报酬不变情况下，若不考虑农业企业"黑箱"问题，可以得到中国农业企业第 i 个 DMU 的科技成果转化效率评价 DEA 模型：

$$E_i^1 = \text{Max}\, V_i Y_i \tag{10.1}$$

$$\text{s. t.} \begin{cases} U_i X_i + U_{i+1} X_{+1i} = 1 \\ V_i Y_i - (U_i X_i + U_{i+1} X_{i+1}) \leqslant 0 \\ U_i > 0, U_{i+1} > 0, V_i > 0 \end{cases}$$

在考虑农业企业科技成果转化活动"黑箱"问题的情况下，需要满足两个条件：第一，同一种要素无论在哪个阶段，无论作为投入或是产出，其权重始终一致；第二，前沿面条件，即每个阶段都必须保证其累积产出不超过累积投入。基于此，构造考虑"黑箱"问题的中国农业企业科技成果转化效率评价网络 DEA 模型：

$$E_i^2 = \text{Max}(W_i Z_i + V_i Y_i) \tag{10.2}$$

$$\text{s. t.} \begin{cases} U_i X_i + U_{i+1} X_{+1i} = 1 \\ V_i Y_i - (U_i X_i + U_{i+1} X_{i+1}) \leqslant 0 \\ W_i Z_i - U_i X_i \leqslant 0 \\ V_i Y_i - (U_{i+1} X_{i+1} + W_i Z_i) \leqslant 0 \\ U_i > 0, U_{i+1} > 0, V_i > 0, W_i > 0 \end{cases}$$

根据模型（10.1）和模型（10.2）可以得到第 i 个中国农业企业科技成果转化效率：

$$E_i = E_i^2 / E_i^1 \tag{10.3}$$

同时考虑到效率存在"截尾值"以及径向距离的问题，最终选择

SSBM-两阶段网络 DEA 模型，测算因变量所需的农业企业科技成果转化投入产出指标如表 10-1 所示。

表 10-1　　　　　　　测算农业企业科技成果转化效率所需的
投入产出指标及描述性分析

变量	均值	标准差	最小值	最大值
研发人员	143.658	437.255	2.000	7655.000
研发经费	141229.500	10100000.000	1.210	807000000.000
转化经费	1122.034	20678.760	50.000	1650300.000
转化人员	16.936	22.814	2.000	438.000
中间产出	93.095	2927.272	1.000	202013.000
最终产出	113822.300	4291300.000	1.680	260000000.000

2. 主检验变量

本章主要检验科技金融（stf）对农业企业科技成果转化效率的影响。科技金融具体可分为政府科技金融和市场科技金融，而政府科技金融更多是作为杠杆，撬动社会资本和社会主体参与到企业的科技成果转化活动中，由此本章着重探究市场科技金融对农业企业科技成果转化效率的影响。借鉴赵稚薇（2012）的研究，科技金融以科技总经费（研发经费＋转化经费）中金融机构贷款占比来表征。

3. 调节变量

本章以组织合法性和管理层能力作为调节变量。

（1）组织合法性（$oleg$）以农业企业信用评级表征，变量来自科学技术部农业科技成果转化资金项目，按照信用等级划分为 1~5 五个等级，数值越小表示信用等级越差，以此反映利益相关者对农业企业的评价与接受度。

（2）管理层能力（ma）的表征方法借鉴邓默吉安等（Demerjian et al., 2012）的研究，假定农业企业生产效率受到企业因素与管理层因素的影响，使用数据包络分析的 CCR 模型测算农业企业生产效率，其中产出指标以农业企业营业收入表征，投入指标选取农业企业总人数和总经费投入。在此基础上构建 Tobit 回归模型，选取注册资产、企业规模和盈利能力作为企业因素对生产效率的贡献进行回归分析，将回归所得残差作为农业企业管理层能力的表征。

4. 控制变量

控制变量包括：农业企业规模（*scale*），以农业企业总资产表征；农业企业盈利能力（*roa*），反映农业企业的经营状况，以企业净利润与企业总资产的比值表征。除此之外，控制变量还包括农业企业所有制形式（*ownership*），国有企业取值为 1，非国有企业取值为 0；行业虚拟变量（*industry*），包括种植业、畜牧业、农产品加工业等十二类技术领域；地区虚拟变量（*region*），包括东部、中部和西部地区；时间虚拟变量（*year*），跨度为 2014～2017 年，这些变量均为虚拟变量。

以上各变量的描述性统计分析如表 10 – 2 所示。

表 10 – 2　　　　　　　　　　各变量描述性分析结果

变量	均值	标准差	最小值	最大值
科技成果转化效率	0.454	0.107	0.039	1.132
科技金融	0.035	0.110	0.000	0.847
组织合法性	3.560	1.490	1.000	5.000
管理层能力	0.001	0.107	0.000	0.667
企业规模	8.719	2.095	0.010	23.016
盈利能力	0.089	0.791	– 52.459	32.160
所有者形式	0.325	0.469	0.000	1.000

10.3.2　模型构建

本章选择分层回归方法实证检验科技金融对中国农业企业科技成果转化效率的影响以及管理层能力与组织合法性的调节作用。构建模型如下：

$$te_{it} = \alpha_0 + \alpha_1 stf_{it} + \alpha_2 oleg_{it} + \alpha_3 ma_{it} + x_{it} + \varepsilon_{it} \qquad （10.4）$$

$$te_{it} = \alpha_0 + \alpha_1 stf_{it} + \alpha_2 oleg_{it} + \alpha_3 ma_{it} + \alpha_4 stf_{it} \times ma_{it} + x_{it} + \varepsilon_{it} \qquad （10.5）$$

$$te_{it} = \alpha_0 + \alpha_1 stf_{it} + \alpha_2 oleg_{it} + \alpha_3 ma_{it} + \alpha_4 stf_{it} \times oleg_{it} + x_{it} + \varepsilon_{it} \qquad （10.6）$$

其中，te 表示农业企业科技成果转化效率，stf 表示科技金融，$oleg$ 为组织合法性，ma 为管理层能力，x_{it} 为控制变量。模型（10.4）实证检验科技金融对农业企业科技成果转化效率的影响。模型（10.5）加入了科技金融与管理层能力的交互项，用来检验管理层能力对科技金融与农业企业科技成果转化效率关系的调节作用。模型（10.6）加入了科技金融与组织合法性的交互项，用来检验组织合法性在科技金融与农业企业科技成果转化效率关系中的调节作用。

10.4 实证分析与结果讨论

本章运用分层回归方法实证检验科技金融对中国农业企业科技成果转化效率的影响以及此过程中管理层能力和组织合法性的调节作用。基于混合回归方法对模型（10.4）至模型（10.6）进行实证检验，在检验调节效应时，为避免多重共线性的影响，对调节变量与自变量进行了中心化处理，结果表明，方差膨胀因子均值及各变量方差膨胀因子（VIF）均值均小于 10，回归模型不存在多重共线性影响，回归结果如表 10 - 3 所示。

表 10 - 3　　　　　　　　　主效应及调节效应实证结果

变量	主效应		管理层能力的调节效应		组织合法性的调节效应	
	系数	t 值	系数	t 值	系数	t 值
科技金融	0.001***	2.770	0.001	1.480	0.003	1.550
组织合法性	-0.001***	-5.080	-0.001***	-5.030	-0.001***	-4.700
管理层能力	0.996***	745.740	0.995***	687.660	0.996***	746.150
科技金融 × 组织合法性					-0.001	-0.780

续表

变量	主效应		管理层能力的调节效应		组织合法性的调节效应	
	系数	t 值	系数	t 值	系数	t 值
科技金融 × 管理层能力			0.016*	2.000		
所有者形式	−0.012***	−17.310	−0.012***	−17.410	−0.012***	−17.330
企业规模	0.001	−0.880	−0.001	−0.890	−0.001	−0.880
盈利能力	0.002***	17.230	0.002***	17.010	0.002***	17.230
年度	控制		控制		控制	
地区	控制		控制		控制	
行业	控制		控制		控制	
常数项	0.454***	1025.320	0.454***	1024.180	0.454***	992.200

注：***、**、* 分别表示在 1%、5%、10% 的水平上显著。

主效应模型包括主检验变量、调节变量和控制变量，旨在实证检验科技金融对农业企业科技成果转化效率的影响。调节效应模型包括主检验变量、控制变量、调节变量和调节效应项，旨在探究管理层能力与组织合法性对科技金融和农业企业科技成果转化效率关系的调节效应。

（1）从主效应模型可以看出，科技金融对农业企业科技成果转化效率影响的系数为 0.001，通过了 1% 的显著性水平检验。说明科技金融显著提高了农业企业科技成果转化效率，验证了 H10 − 1。农业企业科技成果转化活动包括知识研发和科技成果商业化两个阶段，转化活动风险性高、不确定性大，科技金融提升了农业企业科技成果转化活动的融资便利度与融资持续性，有助于形成规模经济；此外，还可以通过关系效应、信号效应和监督效应实现信贷优惠获取、交易费用降低及"研发粉饰"行为减少，从而有效提高农业企业科技成果转化效率。

（2）从管理层能力调节效应模型可以看出，科技金融与农业企业管理层能力交互项的系数为正且通过了 10% 的显著性水平检验（系数为 0.016，t 值为 2.000），表明管理层能力正向调节科技金融对农业企业科技成果转化效率的影响，验证了 H10 − 3。研究结果表明，能力强的管理层具备较强的知识创新属性、技术预见能力、声誉属性和较多的专业知识，更易得到农业企业所有者与利益相关者的信任，也更有能力开展科技成果转化活动，从而发挥了科技金融支持作用的"放大器"效应，也起到了稳固管理层和利益相关者关系的"稳定器"作用，减少了金融支持科技创新过程中的冲突和机会行为，从而正向调节科技金融对农业企业科技成果转化效率的影响。

（3）从组织合法性调节效应模型可以看出，科技金融与组织合法性交互项的系数为负，且未通过显著性水平检验（系数为 -0.001，t 值为 -0.780），说明组织合法性对科技金融与农业企业科技成果转化效率的关系无显著调节作用，H10 - 2 未得以验证。从实证结果可以看出，组织合法性在提升农业企业利益相关者信任度和员工积极性方面的积极作用并未有效发挥，未正向调节科技金融对农业企业科技成果转化效率的影响。可能的原因在于，现阶段中国企业的信用评级机构包括大公国际资信评估有限公司、上海新世纪资信评估投资服务有限公司等国有企业和民营企业，也包括诸多小型信用评级机构，其信用评级过程中政府监管和金融机构参与度不高，造成了金融机构对信用评级结果的不认可，影响了其作用发挥。

10.5 本章小结

总体而言，科技金融在中国农业企业科技成果转化活动中发挥了重要作用，能够显著提高其转化效率。同时考虑到科技金融作为一种资源注入或关系嵌入，会受到农业企业自身属性和其管理层能力的调节。本章以 6404 家中国农业企业为样本，在运用 SSBM - 网络 DEA 模型测算农业企业科技成果转化效率的基础上，实证检验了科技金融对农业企业科技成果转化效率的影响，以及在该过程中农业企业管理层能力和组织合法性的调节作用。主要得到以下结论与启示。

（1）科技金融显著提高了中国农业企业科技成果转化效率。因此，政府应当通过宏观引导、政策倾斜等多种方式鼓励金融机构参与到农业企业科技成果转化活动中，金融机构则应创新金融工具、优化金融服务，为农业企业科技成果转化提供更多的金融支持，实现金融与科技的深度融合。

（2）农业企业管理层能力正向调节科技金融对农业企业科技成果转化效率的影响。因此，农业企业在选任管理层时要充分考虑其学术水平、管理能力和研发经历等，聘任有能力的管理层，同时也要制定相应的管理层培训计划，从而有效发挥管理层能力的正向调节作用。

（3）组织合法性对科技金融与农业企业科技成果转化效率的关系无显著调节作用。因此，应当建立政府监管、金融机构参与、公开透明的信用评级机制，提高信用评级的公众认可度。

本章存在一定的研究局限，值得未来进一步探讨。第一，科技金融参与农业企业科技成果转化过程方式多样，还包括风投等方式，受数据的限制，本章未对此开展实证检验。第二，农业企业的研发投入具有滞后性，即当期的研发投入可能在未来几年才能转化为专利或者收入，但由于本章数据为混合截面数据，不能有效地衡量其滞后性问题，同时也一定程度上忽略了个体间不可观测或被遗漏的异质性，后续研究可通过定点调研典型农业企业样本等方式形成面板数据，有助于进一步提高检验结果的准确性。

169

第11章
研究结论与政策建议

本书从内部技术创新能力（即企业通过优化内部研发禀赋结构实现技术垄断的能力，主要包括技术引进和自主创新）和外部技术创新能力（即获得外部利益相关者对企业技术创新支持的能力，主要包括政府支持，即获得政府支持的能力；开放式创新，即对外协同创新的能力；科技金融，即获得金融机构支持的能力）两个视角对农业企业科技成果转化活动内在机理进行分析，构建了农业企业科技成果转化效率分析的理论框架。选用SSBM-网络DEA模型对中国农业企业科技成果转化效率进行测算，进而探究影响农业企业科技成果转化效率的因素与作用机制。本书的研究对破解我国科技成果转化过程中所面临转化率低、市场导向性差、"最后一公里"等问题具有较强的现实意义。

11.1 研究结论

本书以2009～2017年中国农业企业的混合截面数据为样本，第一，运用SSBM-网络DEA模型测度其科技成果转化效率，并在此基础上从时间—空间角度对其演变趋势与收敛性进行探究；第二，以技术引进的三阶段吸收能力为门槛变量，构建门槛回归模型实证检验技术引进与农业企业科技成果转化效率之间的非线性关系,并实证检验技术引进与自主创新对农业企业科技成果转化效率的影响及其相互关系;第三,探究自主创新对农业企业科技成果转化效率的影响;第四,探究政府补助对农业企业科技成果转化效率的影响;第五,实证检验开放式创新对科技成果转化效率的影响,以及 CEO 经历(学术经历与研发经历)、能力平衡的调节作用;第六,实证检验科技金融对农业企业科技成果转化效率的影响,以及管理层能力和组织合法性的调节作用。基于以上研究内容,主要得到以下结论。

(1)中国农业企业科技成果转化经费投入主要以农业企业自筹资金为主,政府资助较少,社会资金较为欠缺;农业企业科技成果转化人员中高学历人才缺乏;2009~2017 年农业企业科技成果转化经费投入稳中有降,而科技成果转化产出却有所增加。

本书从不同单位性质、技术领域和地区三个维度对中国农业企业科技成果转化投入—产出的现阶段特征与动态演变趋势进行了分析。研究发现:其一,中国农业企业科技成果转化经费投入主要以自筹资金为主,政府资助和社会资金明显不足;其二,中国农业企业科技成果转化人员构成中高级职称人员和博士学位人数占比较低,农业企业法人主要以男性为主,农业企业法人学位构成主要为硕士学位和学士学位;其三,2009~2017 年中国农业企业科技成果转化经费投入总体上呈波动态势,年均增长率为负;其四,2009~2017 年中国农业企业科技成果转化人员投入总体呈减少趋势,但高学历科技成果转化人员呈增长态势;其五,2009~2017 年农业企业科技成果转化知识生产产出和经济效益产出总体呈增长趋势。

(2)中国农业企业科技成果转化效率偏低,但整体上呈现上升趋势,且农业企业科技成果转化效率受政策影响较大;不同单位性质、技术领域和地区农业企业科技成果转化效率不存在显著差异,三个区域农业企业科技成果转化效率存在收敛趋势。

本书运用 SSBM-网络 DEA 模型测度中国农业企业科技成果转化效率,在此基础上,比较分析不同单位性质、技术领域和地区农业企业科技成果转化效率，并从时间—空间角度对其收敛性进行探究。研究发现，其一，农业企业科技成果转化效率均值为 0.421，总体效率损失为 0.579，效率损失较大。其二，农业企业科技成果转化效率从 2009 年的 0.386 上升到了 2017 年的 0.430，其中 2009～2013 年呈平稳上升态势，2014～2016 年有小幅度的衰减，且于 2017 年达到最高。创新政策强度的变化趋势与农业企业科技成果转化效率的变动趋势一致，农业企业科技成果转化效率受政策影响较大。其三，不同单位性质、技术领域和地区农业企业科技成果转化效率之间不存在显著差异。东部地区和西部地区农业企业科技成果转化效率存在向中部地区收敛的态势，三个地区呈现稳态增长。

（3）技术引进与中国农业企业科技成果转化效率之间呈现非线性关系，农业企业需要跨越引进技术、吸收技术和中试生产三个阶段吸收能力的门槛。

本书以技术引进的三阶段吸收能力为门槛变量，构建了门槛回归模型实证检验技术引进对中国农业企业科技成果转化效率之间的非线性关系。研究发现，在不考虑门槛效应情况下，技术引进未能显著促进农业企业科技成果转化效率提高。在引进技术阶段，当农业企业经费质量吸收能力处于（0.643，0.796］时，技术引进能够显著促进农业企业科技成果转化效率提高；在吸收技术阶段，当农业企业人才质量吸收能力处于（0.184，0.227］时，技术引进对农业企业科技成果转化效率有显著的促进作用；在中试生产阶段，当农业企业中试生产吸收能力大于门槛值 5.011 时，技术引进与农业企业科技成果转化效率之间存在显著的正相关关系。

（4）自主创新与中国农业企业科技成果转化效率之间成倒"U"型关系，农业企业自主创新与技术引进呈现"互补效应"。

本书在测算中国农业企业科技成果转化效率的基础上，实证检验技术引进与自主创新对农业企业科技成果转化效率的影响及其相互关系。研究发现，其一，自主创新与农业企业科技成果转化效率之间存在倒"U"型关系，且 2012 年开始实施的国家自主创新战略对农业企业自主创新能力有明显的促进作用。其二，技术引进与农业企业科技成果转化效率呈现非线性影响，存在以自主创新为门槛的倒"U"型门槛效应。其三，在农业企业科技成果转化活动中，技术引进与自主创新呈现"互补效应"，且"互补效应"在2012年国家自主创新战略实施后变得更为显著。其四，中国国有农业企业自主创新与其科技成果转化效率之间倒"U"关系的转折点大于非国有农业企业自主创新与其科技成果转化效率之间倒"U"关系的转折点，享受更多自主创新带来的红利，但国有企业技术引进和自主创新的"互补效应"不显著；战略新兴产业农业企业自主创新与其科技成果转化效率之间倒"U"关系的转折点小于传统行业农业企业自主创新与其科技成果转化效率之间倒"U"关系的转折点，红利期较短。同时，单纯依赖技术引进不利于战略新兴产业农业企业科技成果转化效率的提高。

（5）政府补助显著提高了中国农业企业科技成果转化效率，但在农业企业科技成果转化的不同阶段（包括知识研发和科技成果商业化两个阶段）存在差异，创新政策在政府补助对农业企业科技成果转化效率影响中发挥正向调节作用。

本书实证检验政府补助对中国农业企业科技成果转化效率及其分解指标（包括知识研发效率和科技成果商业化效率）的影响，并考察创新政策对政府补助与农业企业科技成果商业化效率关系的调节作用。研究发现，其一，政府补助能显著促进农业企业科技成果转化效率提高，且政府补助对农业企业科技成果转化效率的促进作用是通过提高农业企业科技成果转化活动第一阶段的知识研发效率来实现的，政府补助对农业企业科技成果转化活动第二阶段的科技成果商业化效率影响不显著。其二，创新政策在政府补助对农业企业科技成果商业化效率影响中发挥显著的正向调节作用，即良好的创新政策有助于政府补助发挥其对农业企业科技成果商业化效率的促进作用。

（6）开放式创新显著促进了中国农业企业科技成果转化效率的提高，CEO的学研经历与能力平衡在其中具有调节效应。

本书实证检验开放式创新对中国农业企业科技成果转化效率的影响，以及在此过程中CEO经历（学术经历与研发经历）、能力平衡的调节作用。研究发现，其一，开放式创新与农业企业科技成果转化效率之间存在倒"U"型关系；其二，CEO 学术经历正向调节开放式创新对农业企业科技成果转化效率的影响，且弱化了开放式创新与农业企业科技成果转化效率之间的倒"U"型关系；其三，CEO 研发经历正向调节开放式创新对农业企业科技成果转化效率的影响，但强化了开放式创新与农业企业科技成果转化效率之间的倒"U"型关系；其四，吸收能力和集成能力不平衡度负向调节开放式创新未超过阈值时对农业企业科技成果转化效率的影响，且加剧了开放式创新超过阈值后对农业企业科技成果转化效率的负向影响。

（7）科技金融显著提高中国农业企业科技成果转化效率，农业企业管理层能力在科技金融与农业企业科技成果转化效率之间存在正向调节效应。

本书在运用 SSBM-网络 DEA 模型测算中国农业企业科技成果转化效率的基础上，实证检验了科技金融对农业企业科技成果转化效率的影响，以及在此过程中农业企业管理层能力和组织合法性的调节作用。研究发现，其一，科技金融显著提高了农业企业科技成果转化效率；其二，管理层能力正向调节科技金融对农业企业科技成果转化效率的影响；其三，组织合法性对科技金融与农业企业科技成果转化效率的关系无显著调节作用。

11.2 政策建议

基于上述研究结论，提出以下政策建议。

（1）优化农业科技资源区域流动，加大对西部地区农业企业科技创新的支持力度。针对东部、中部和西部地区农业企业科技成果转化效率的差异，国家加大对科技成果转化水平低的地区创新研发的支持力度，制定有针对性的创新支持政策，协调区域经济发展，提高落后地区的农业企业科技成果转化效率，形成各区域农业科技创新的良性互动和尽力赶超的态势，从而不断提升国家农业科技的整体研发与应用水平。

（2）农业企业应加强对先进技术的引进，同时逐步改善其经费质量、人才质量和中试生产条件，以保证自身吸收能力能够匹配引进的技术，同时注重提升其多元化的吸收能力。

技术引进对农业企业科技成果转化效率有积极作用，但同时也注意到在技术引进的不同阶段，忽视农业企业的吸收能力会导致农业企业落入"引进—知识难积累—竞争力下降—再引进—再下降"的怪圈。因此，农业企业应实现技术引进与消化吸收并举，建立相应的技术吸收平台，从而实现技术进步，打破研发与应用之间的"瓶颈"，实现其科技成果转化效率的提高，进而实现自主创新。

吸收能力具有多元性，农业企业不仅仅局限于引进技术阶段、吸收技术阶段以及技术应用与研发阶段的吸收能力，上下游市场的匹配、企业文化的匹配及政策环境的匹配等方面的吸收能力也会影响农业企业技术引进的效力。因此，要实现吸收能力与科技成果转化效率的提高，一方面，农业企业要进一步加强人才吸收能力、经费吸收能力及中试生产吸收能力的建设；另一方面，制度环境等方面的改善也是实现农业企业吸收能力与科技成果转化效率提高的重要路径选择。

（3）强化农业企业自主创新能力建设，加强先进技术引进，充分发挥政府"看得见的手"的作用。政府应强化对农业企业自主创新能力的支持力度，以直接补助和间接补贴的方式提高农业企业自主创新积极性，并制定相应举措引导利益相关主体参与农业企业科技成果转化活动。农业企业本身要加强实验室、研发中心等平台建设，实现自身创新能力的跃升。在此基础上，还要避免"研发崇拜"，避免自主创新超过最优阈值，从而产生核心刚性与路径依赖等问题。

加强先进技术引进，协调引进与研发的关系。农业企业在技术引进的同时要注重自主创新能力建设，实现技术引进与自主创新并举，建立相应的技术吸收、迭代平台，实现对引进技术的掌握与更新迭代，形成"引进—吸收—提高—再引进"的良性循环，并提高其科技成果转化效率。此外，技术引进与自主创新之间呈现"互补效应"，农业企业应坚持对国外先进技术的引进，实现在技术引进过程中自身研发禀赋结构的完善以及"隐性知识"的获取，从而强化自主创新能力建设，提高其科技成果转化效率。

政府应保持政府补助经费投入的持续性与稳定性，尤其是对研发体量不足、研发禀赋较差，又承担一定农业农村发展任务的农业企业，更应当加大政府补助的支持力度，发挥其资源和信号双重属性，提高农业企业自主创新的积极性。同时也要避免政府直接补助的过度化倾向。要加快完善中国科技创新政策，在政策制定中应考虑政策本身的激励性、强制性以及混合性等特点，通过简化行政审批、加强宏观引导、强化多元支持与规范行为约束等手段，优化完善科技创新政策，为农业企业自主创新提供政策保障。

（4）强化政府补助对农业企业科技成果转化活动，尤其是科技成果商业化阶段的支持力度，并逐步优化创新政策。政府应继续加大对农业企业科技成果转化活动的资助。农业企业存在研发体量小、潜在经济效益低、利益相关者嵌入程度与支持力度不够等问题，在研发过程中更需要政府资金的持续资助，以减少正外部性的影响，激发农业企业创新的积极性。

强化政府资金对农业企业科技成果商业化阶段的重视。从实证结果看，政府补助对农业企业科技成果转化活动第二阶段科技成果商业化效率影响不显著，容易导致大量"沉没成果"。因此，政府补助应该加强对农业企业科技成果转化活动科技成果商业化阶段的重视，一方面政府应有针对性地资助具有社会需求和产业需要的研发项目，进而使知识研发阶段产生的成果具有经济效益；另一方面，应制定明确的资助目标考核任务，以实现农业企业科技成果商业化效率的提升，进而提高农业企业科技成果转化效率。

持续优化创新政策。创新政策对政府资助与农业企业科技成果商业化效率有显著的正向调节作用，因此，政府应加强创新政策的有效实施，为农业企业开展知识研发和科技成果商业化提供良好的外部环境，同时加入相应的考核任务，通过政策的强制性作用规范农业企业的行为。

（5）强化开放式创新力度，注重 CEO 能力建设和能力均衡。农业企业应加大对开放式创新的重视程度，搭建合理的跨组织管理框架来实现与其他创新主体的互动合作，为农业企业探索出兼具整体性、动态性以及互补性、多方共建、利益共享和风险共担的开放式创新机制。农业企业应强化开放式创新意识，尤其是在农业企业研发体量小、研发能力较低的现实约束下，应通过与科研院所、高等学校合建研发平台等方式加大开放式创新力度，实现对异质性知识技术的获取和吸收。当然，在开放式创新过程中也要把握好"临界点"，避免产生核心知识泄露等问题。

在选任 CEO 时，农业企业应充分考虑其学术特质，并进行充分挖掘和培育。尤其对农业企业来讲，研发体量与其他行业企业相比存在一定差距，更难以获取优质的合作者，在合作中也多处于弱势地位，因此更需要发挥具有高知识储备学术型 CEO 的引领作用。同时，企业还要对具有研发经历的 CEO 进行培训，尤其是沟通交际与处理矛盾方面的培训，从而有效发挥 CEO 研发经历的正向调节作用。

无论是研发经费还是研发人员，均存在较为明显的边际效应，因此农业企业应对研发要素的投入配比进行最优化分析，尽量避免边际效应，逐步优化其研发禀赋结构，以此实现对协作方知识、技术的消化吸收，并将其编码为适合自身发展的显性知识，实现开放式创新各主体人才结合、技术互补、资源配置和效益共赢，缓解农业企业独立创新所存在的研发风险大、研发回报周期长及研发的正外部性等问题。吸收能力与集成能力的协调是农业企业在开放式创新过程中实现对合作主体异质性技术知识的吸收与编译，并进行改造升级、产业化，实现其科技成果转化效率提高的关键。因此，要实现知识管理能力的平衡发展，避免出现吸收能力和集成能力失衡的现象，从而提高农业企业对外部知识资源的内化和集成。

（6）鼓励金融机构参与农业企业科技成果转化活动，提高农业企业管理层能力。政府应鼓励金融机构参与到农业企业科技成果转化活动过程中；金融机构应在提供传统融资方式的基础上，针对农业企业科技成果转化的现实需要，创新融资方式；农业企业则应健全自身信息资源的共享机制及透明程度，以降低金融机构参与其科技成果转化的信息不对称风险，实现金融与科技的深度融合。建立政府监管、金融机构参与、公开透明的信用评级机制，提高信用评级的公众认可度。农业企业在选任管理层时要充分考虑其学术水平、管理能力、研发经历等，聘任能力强的管理层，同时也要制定相应的管理层培训计划，从而有效发挥管理层能力对科技金融与农业企业科技成果转化效率关系的正向调节作用。

参 考 文 献

［1］安同良，周绍东，皮建才. R&D 补贴对中国企业自主创新的激励效应［J］. 经济研究，2009，44（10）：87－98，120.

［2］蔡彦虹，李仕宝，饶智宏等. 我国农业科技成果转化存在的问题及对策［J］. 农业科技管理，2014（6）：8－10，84.

［3］曹霞，喻登科. 科技成果转化知识管理绩效评价体系的构建［J］. 科技进步与对策，2010（17）：128－131.

［4］陈爱贞，李舜，刘承翊. 企业技术创新模式选择：自主学习还是合作［J］. 东南学术，2018（1）：129－140.

［5］陈斐，康松，康涛. 试论我国农业科技成果转化的问题和对策［J］. 科研管理，2004（1）：23－28.

［6］陈劲，陈钰芬. 开放创新条件下的资源投入测度及政策含义［J］. 科学学研究，2007（2）：352－359.

［7］陈劲，王鹏飞. 选择性开放式创新——以中控集团为例［J］. 软科学，2011，25（2）：112－115.

［8］陈劲，阳银娟. 协同创新的驱动机理［J］. 技术经济，2012（8）：6－11，25.

［9］陈劲. 企业创新生态系统论［M］. 北京：科学出版社，2018：100－101.

［10］陈伟民，焦子隽，叶浩，汤红东，陈金凤. 农业科技成果转化中存在的主要问题及建议［J］. 贵州农业科学，2011，39（1）：242－244.

［11］陈湘东，王生林. 农业科技成果转化过程中相关主体之间的博弈分析［J］. 河南农业大学学报，2015（2）：271－275.

［12］陈学云，史贤华. 促进我国农业科技成果转化的产业化路径——

基于农业科技的供求分析 [J]. 科技进步与对策，2011 (14)：73 – 77.

[13] 陈艳，范炳全. 中小企业开放式创新能力与创新绩效的关系研究 [J]. 研究与发展管理，2013，25 (1)：24 – 35.

[14] 程玉英，任爱华. 农业科技成果转化存在的问题及对策研究 [J]. 科技经济市场，2016 (11)：8 – 9，71.

[15] 戴浩，柳剑平. 政府补助对科技中小型企业成长的影响机理——技术创新投入的中介作用与市场环境的调节作用 [J]. 科技进步与对策，2018，35 (23)：137 – 145.

[16] 戴元坤，王清平. 农业科技成果转化资金绩效评价指标体系研究 [J]. 安徽农业科学，2012 (8)：4966 – 4969.

[17] 杜运周，张玉利，任兵. 展现还是隐藏竞争优势：新企业竞争者导向与绩效 U 型关系及组织合法性的中介作用 [J]. 管理世界，2012 (7)：96 – 107.

[18] 范柏乃，段忠贤，江蕾. 中国自主创新政策：演进、效应与优化 [J]. 中国科技论坛，2013 (9)：5 – 12.

[19] 冯·贝塔朗菲. 一般系统论——基础发展和应用 [M]. 北京：清华大学出版社，1987：51 – 52.

[20] 冯丽妃. 扫除"拦路虎"，让科技成果转化畅通无阻 [N]. 中国科学报，2022 – 03 – 11 (004). DOI：10. 28514/n. cnki. nkxsb. 2022. 000630.

[21] 奉小斌，周兰. 逆向国际化企业跨界搜索互动对双元能力均衡的影响研究 [J]. 研究与发展管理，2020，32 (1)：76 – 88.

[22] 傅元海，陈丽姗. 不同技术引进方式对我国经济增长效率的影响 [J]. 当代财经，2016 (11)：14 – 22.

[23] 高良谋，马文甲. 开放式创新：内涵、框架与中国情境 [J]. 管理世界，2014 (6)：157 – 169.

[24] 高喜珍，刘超超. 基于政府视角的科技成果转化项目绩效评价指标体系研究 [J]. 科技进步与对策，2014 (12)：129 – 134.

[25] 高莹，李卫东，尤笑宇. 基于网络 DEA 的我国铁路运输企业

效率评价研究 [J]. 中国软科学, 2011 (5): 176 - 182.

[26] 葛兆建, 杨华. 实施创新驱动战略 构建新型农业科技成果转化体系——以江苏沿海地区农业科学研究所为例 [J]. 农业科技管理, 2014 (1): 55 - 57.

[27] 郭改英. 农业企业科技创新若干问题的思考 [J]. 农业经济, 2012 (4): 101 - 102.

[28] 郭海, 韩佳平. 数字化情境下开放式创新对新创企业成长的影响: 商业模式创新的中介作用 [J]. 管理评论, 2019, 31 (6): 186 - 198.

[29] 郭建强, 冯开文. 农业科技成果转化基本模式比较 [J]. 中国软科学, 2010 (S1): 133 - 137.

[30] 郭建强, 高英, 冯开文. 国外农业科技成果转化模式比较与借鉴 [J]. 中国渔业经济, 2010, 28 (3): 76 - 80.

[31] 韩忠雪, 崔建伟, 王闪. 技术高管提升了企业技术效率吗? [J]. 科学学研究, 2014 (4): 559 - 568.

[32] 何淑群, 古秋霞. 我国农业科技成果转化效率及关键策略分析 [J]. 广东农业科学, 2012 (15): 213 - 214.

[33] 何郁冰. 国内外开放式创新研究动态与展望 [J]. 科学学与科学技术管理, 2015 (3): 3 - 12.

[34] 贺德方. 对科技成果及科技成果转化若干基本概念的辨析与思考 [J]. 中国软科学, 2011 (11): 1 - 7.

[35] 洪银兴. 科技金融及其培育 [J]. 经济学家, 2011, 6 (6): 22 - 27.

[36] 胡奕明, 谢诗蕾. 银行监督效应与贷款定价——来自上市公司的一项经验研究 [J]. 管理世界, 2005 (5): 27 - 36.

[37] 胡元木, 纪端. 董事技术专长、创新效率与企业绩效 [J]. 南开管理评论, 2017, 20 (3): 40 - 52.

[38] 胡援成, 吴江涛. 科技金融的运行机制及金融创新探讨 [J]. 科技进步与对策, 2012 (23): 10 - 13.

[39] 黄萃, 苏竣, 施丽萍, 等. 政策工具视角的中国风能政策文本

量化研究 [J]. 科学学研究, 2011, 29 (6): 876 - 882.

[40] 黄婧涵, 蓝庆新, 李飞. 创新开放度、知识整合和企业创新绩效——基于跨国知识搜索视角的实证研究 [J]. 技术经济, 2019, 38 (7): 38 - 45.

[41] 贾敬敦, 吴飞鸣, 孙传范等. 农业科技成果评价指标体系构建研究 [J]. 中国农业科技导报, 2015 (6): 1 - 7.

[42] 姜付秀, 张晓亮, 郑晓佳. 学者型 CEO 更富有社会责任感吗——基于企业慈善捐赠的研究 [J]. 经济理论与经济管理, 2019 (4): 35 - 51.

[43] 蒋殿春, 张宇. 行业特征与外商直接投资的技术溢出效应: 基于高新技术产业的经验分析 [J]. 世界经济, 2006 (10): 21 - 29, 95.

[44] 解学梅, 刘丝雨. 协同创新模式对协同效应与创新绩效的影响机理 [J]. 管理科学, 2015, 28 (2): 27 - 39.

[45] 孔东民, 庞立让. 研发投入对生产率提升的滞后效应: 来自工业企业的微观证据 [J]. 产业经济研究, 2014 (6): 69 - 80, 90.

[46] 寇明婷, 陈凯华, 穆荣平. 科技金融若干重要问题研究评析 [J]. 科学学研究, 2018, 36 (12): 60 - 68, 122.

[47] 李建华. 影响农业科技成果转化的原因及对策 [J]. 农业技术经济, 1996 (3): 21 - 23.

[48] 李维安, 马超. "实业 + 金融" 的产融结合模式与企业投资效率——基于中国上市公司控股金融机构的研究 [J]. 金融研究, 2014 (11): 109 - 126.

[49] 李小平, 朱钟棣. 国际贸易、R&D 溢出和生产率增长 [J]. 经济研究, 2006 (2): 31 - 43.

[50] 林青宁, 毛世平. 协同创新模式与涉农企业科技成果转化效率: 研发禀赋结构的双门槛效应 [J]. 科技进步与对策, 2019, 36 (3): 26 - 32.

[51] 林青宁, 毛世平. 中国农业科技成果转化研究进展 [J]. 中国农业科技导报, 2018, 20 (4): 1 - 11.

182

［52］林毅夫，张鹏飞．适宜技术、技术选择和发展中国家的经济增长［J］．经济学（季刊），2006（3）：985－1006．

［53］林洲钰，林汉川，邓兴华．加快我国科技成果转化的机制创新与实现路径［J］．新视野，2013（2）：33－36．

［54］蔺元．我国上市公司产融结合效果分析——基于参股非上市金融机构视角的实证研究［J］．南开管理评论，2010，13（5）：153－160．

［55］刘放，杨筝，杨曦．制度环境、税收激励与企业创新投入［J］．管理评论，2016，28（2）：61－73．

［56］刘文超，赵增锋，杨海芬等．制约农业科技成果转化的微观主体因素分析及对策［J］．河南农业科学，2010（8）：148－151．

［57］刘文丽，郝万禄，夏球．我国科技金融对经济增长影响的区域差异——基于东部、中部和西部面板数据的实证分析［J］．宏观经济研究，2014（2）：87－94．

［58］刘笑冰，申强，何忠伟．我国农业科技成果转化资金绩效实证研究［J］．农业技术经济，2015（6）：74－81．

［59］刘中燕，周泽将．技术独立董事与企业研发投入［J］．科研管理，2020，41（6）：237－244．

［60］龙飞，张哲，戴昌钧．农业科技成果转化的知识基础测度与实证研究［J］．科学学研究，2013（7）：1060－1067．

［61］芦锋，韩尚容．我国科技金融对科技创新的影响研究——基于面板模型的分析［J］．中国软科学，2015（6）：139－147．

［62］骆品亮，卢庆杰．关于合作R&D的经济学分析［J］．研究与发展管理，2001（4）：1－4，66．

［63］马红，侯贵生，王元月．产融结合与我国企业投融资期限错配——基于上市公司经验数据的实证研究［J］．南开管理评论，2018，21（3）：46－53．

［64］毛世平．涉农企业要成为农业科技创新主体［J］．中国农村科技，2014（12）：15．

［65］毛学峰，孔祥智，辛翔飞等．我国"十一五"时期农业科技成

果转化现状与对策 [J]. 中国科技论坛，2012 (6)：126－132.

[66] 孟洪，李仕宝. 新常态下促进农业科技成果转化对策研究 [J]. 农业科技管理，2016 (3)：57－60.

[67] 孟猛猛，雷家骕，陶秋燕，焦捷，李博康. 吸收能力对战略柔性的影响 [J]. 科学学研究，2020，38 (6)：1067－1075.

[68] 潘冬梅，李仁刚，刘春全. 加强科技平台建设，促进农业科技成果转化 [J]. 华中农业大学学报（社会科学版），2010 (4)：112－115.

[69] 潘颖雯，万迪昉. 研发的不确定性与研发人员激励契约的设计研究 [J]. 科学学与科学技术管理，2007 (8)：175－178.

[70] 庞长伟. 自主创新还是引进创新？——合作效率对创新模式转换的影响 [J]. 科技进步与对策，2016，33 (5)：97－103.

[71] 彭纪生，仲为国，孙文祥. 政策测量、政策协同演变与经济绩效：基于创新政策的实证研究 [J]. 管理世界，2008 (9)：25－36.

[72] 彭中文，文亚辉，黄玉妃. 政府补贴对新能源企业绩效的影响：公司内部治理的调节作用 [J]. 中央财经大学学报，2015 (7)：80－85.

[73] 钱水土，张宇. 科技金融发展对企业研发投入的影响研究 [J]. 科学学研究，2017，35 (9)：1320－1325.

[74] 秦涵淳，李继锋，楚小强等. 农业科研成果转化效率问题的探讨 [J]. 农业科技管理，2017 (1)：65－67.

[75] 沈菊琴，王伟，卢小广等. 基于 AHP－FCE 方法的农业科技成果转化路径综合绩效评价 [J]. 水利经济，2009，27 (3)：49－52.

[76] 沈月领，李延春. 我国农业科技成果公益性转化研究 [J]. 湖北农业科学，2012 (14)：3119－3122.

[77] 施湘锟，谢志忠，林文雄. 福建省海水养殖业科技成果转化绩效评价研究 [J]. 福建论坛（人文社会科学版），2015 (2)：157－162.

[78] 汤萱. 技术引进影响自主创新的机理及实证研究：基于中国制造业面板数据的实证检验 [J]. 中国软科学，2016 (5)：119－132.

[79] 唐未兵，傅元海，王展祥. 技术创新、技术引进与经济增长方式转变 [J]. 经济研究，2014 (7)：31－43.

［80］唐五湘.科技成果转化绩效评价指标体系的比较分析［J］.工业技术经济，2017（1）：61－67.

［81］唐娅楠，王秀芳.我国农业科技成果转化中科技与金融结合效率研究［J］.河北科技师范学院学报（社会科学版），2015（2）：23－27，55.

［82］涂小东，肖洪安，申红芳等.高等学校科技成果转化绩效评价指标体系构建［J］.科学学与科学技术管理，2005（8）：38－40.

［83］王超恩，张瑞君，谢露.产融结合、金融发展与企业创新——来自制造业上市公司持股金融机构的经验证据［J］.研究与发展管理，2016，28（5）：71－81.

［84］王冬冬.战略变革中的核心刚性研究——以柯达公司为例［J］.科学学与科学技术管理，2013，34（5）：97－105.

［85］王桂月，王树恩.基于模糊神经网络的高校科技成果转化评价研究［J］.科技管理研究，2009（12）：194－195，209.

［86］王敬华，丁自立，马洪义等.关于农业科技成果转化资金绩效管理的思考与对策［J］.科技进步与对策，2013，30（3）：22－24.

［87］王敬华，贾敬敦.创新农业科技成果转化资金管理机制研究［J］.科技管理研究，2012（17）：125－127.

［88］王鹏飞.外向开放式创新对创新绩效的影响研究［D］.杭州：浙江大学，2011.

［89］王青，于冷.基于科技采纳认知与决策的农业科技服务机制［J］.上海管理科学，2015，37（2）：1－5.

［90］王诗翔，魏江，路瑶.跨国技术并购中吸收能力与技术绩效关系研究——基于演化博弈论［J］.科学学研究，2014，32（12）：1828－1835.

［91］王文昌，白桂梅，田春.基于现代农业目标的农业科技型企业自主创新优势与有效组织［J］.农业现代化研究，2006（5）：333－336.

［92］王萧萧，朱桂龙，许治.协同创新中心组建特征及结构分析［J］.科技进步与对策，2018，35（1）：1－8.

［93］王新其，许幸声，张建明等．农业科技成果转化评价指标体系的设计［J］．江苏农业科学，2011，39（6）：34-36．

［94］王新新．科技成果产业化的理论分析及对策选择［J］．科技与经济，2013，26（4）：11-15．

［95］王志珍．我国科技成果评价重理论 轻实践 重学术 轻应用［EB/OL］．（2010-03-07）［2019-12-02］．http：//news. 163. com/10/0307/15/616D71D2000146BC. html。

［96］吴飞鸣，孙传范，王敬华．农业科技成果转化资金分技术领域绩效评价［J］．中国农业科技导报，2013，15（4）：72-77．

［97］吴延兵．中国工业R&D产出弹性测算（1993-2002）［J］．经济学（季刊），2008（3）：869-890．

［98］吴延兵．自主研发、技术引进与生产率——基于中国地区工业的实证研究［J］．经济研究，2008（8）：51-64．

［99］武咸云，陈艳，杨卫华．战略性新兴产业的政府补贴与企业R&D投入［J］．科研管理，2016，37（5）：19-23．

［100］肖利平，谢丹阳．国外技术引进与本土创新增长：互补还是替代：基于异质吸收能力的视角［J］．中国工业经济，2016（9）：75-92．

［101］肖挺．高管团队特征、制造企业服务创新与绩效［J］．科研管理，2016，37（11）：142-149．

［102］肖娴，毛世平，孙传范等．农业科技成果转化效率测度及分析［J］．中国科技论坛，2015（8）：139-144，149．

［103］谢玲红，毛世平．中国涉农企业科技创新现状、影响因素与对策［J］．农业经济问题，2016，37（5）：87-96．

［104］熊桉．供求均衡视角下的农业科技成果转化研究——以湖北省为例［J］．农业经济问题，2012（4）：44-48．

［105］徐晨，邵云飞．基于DEA的科技成果转化绩效评价研究［J］．电子科技，2010（7）：58-61．

［106］徐辉，王忠郴．科技成果转化动力机制分析及其优化［J］．企业经济，2007（11）：26-28．

[107] 徐欣. 企业技术引进、产权与倒 U 型绩效——基于中国上市公司的实证研究 [J]. 科研管理，2015，36（9）：45-54.

[108] 徐玉莲，王宏起. 科技金融对技术创新的支持作用：基于 Bootstrap 方法的实证分析 [J]. 科技进步与对策，2012，29（3）：1-4.

[109] 颜晓畅. 政府研发补贴对创新绩效的影响：创新能力视角 [J]. 现代财经（天津财经大学学报），2019，39（1）：59-71.

[110] 阳银娟，陈劲. 开放式创新中市场导向对创新绩效的影响研究 [J]. 科研管理，2015，36（3）：103-110.

[111] 杨浩昌，李廉水. 政府支持与中国高技术产业研发效率 [J]. 科学学研究，2019，37（1）：70-76，111.

[112] 杨金深. 农村经济的战略突破口：发展农业企业 [J]. 农业经济问题，2004（2）：66-68.

[113] 杨柳，全晓艳，汪继红等. 四川农业科技成果转化与金融支持问题研究 [J]. 中国农学通报，2016（26）：188-193.

[114] 杨震宁，赵红. 中国企业的开放式创新：制度环境、"竞合"关系与创新绩效 [J]. 管理世界，2020，36（2）：139-160，224.

[115] 姚立杰，周颖. 管理层能力、创新水平与创新效率 [J]. 会计研究，2018（6）：70-77.

[116] 叶莉，王亚丽，孟祥生. 中国科技金融创新支持效率研究——基于企业层面的理论分析与实证检验 [J]. 南开经济研究，2015（6）：37-53.

[117] 叶良均. 以农民组织为纽带的农业科技成果转化机制研究 [J]. 中国科技论坛，2008（10）：111-115.

[118] 袁旭梅，蔡书文，王伟，张旭. 高新技术产业协同创新系统建模与仿真 [J]. 科技进步与对策，2018，35（4）：63-71.

[119] 岳福菊. 农业科技成果转化现状、问题和对策建议 [J]. 农业科技管理，2011，30（5）：55-58.

[120] 翟华云，方芳. 区域科技金融发展、R&D 投入与企业成长性研究——基于战略性新兴产业上市公司的经验证据 [J]. 科技进步与对

策，2014，31（5）：34-38.

［121］张景安. 实现由技术引进为主向自主创新为主转变的战略思考［J］. 中国软科学，2003（11）：1-5.

［122］张琳，吴敬学，王敬华等. 我国农业科技成果转化资金绩效评价研究［J］. 中国科技论坛，2014（5）：149-154.

［123］张梅申，王慧军. 农业科技成果转化的长效机制及实例分析［J］. 农业科技管理，2011，30（2）：24-28.

［124］张淑辉，郝玉宾. 农业科技成果低转化率的主要原因探讨［J］. 理论探索，2014（1）：98-101.

［125］张铁石. 农业科技成果转化率的影响因素及解决措施［J］. 河北农业科学，2007（2）：106-108.

［126］张晓亮，杨海龙，唐小飞. CEO 学术经历与企业创新［J］. 科研管理，2019，40（2）：154-163.

［127］张学军. 农业科技成果转化若干理论问题探析——基于新制度经济学视角［J］. 中国科技论坛，2007（5）：118-121.

［128］张永成，郝冬冬，王希. 国外开放式创新理论研究 11 年：回顾、评述与展望［J］. 科学学与科学技术管理，2015，36（3）：13-22.

［129］张雨. 我国农业科技成果转化推广运行机制研究［J］. 西北农林科技大学学报（社会科学版），2006，6（6）：5-8.

［130］张玉喜，赵丽丽. 中国科技金融投入对科技创新的作用效果——基于静态和动态面板数据模型的实证研究［J］. 科学学研究，2015，33（2）：177-184，214.

［131］章永奎，赖少娟，杜兴强. 学者型独立董事、产品市场竞争与公司创新投入［J］. 经济管理，2019，41（10）：123-142.

［132］赵蕾，刘建伟，杨子江等. 基于模糊综合评价法的渔业科技成果转化率测算研究——以某水产科研院所为例［J］. 中国渔业经济，2012（5）：76-84.

［133］赵庆惠. 发达国家农业科技成果转化资金特点及转化模式分析［J］. 世界农业，2010（8）：0-3.

[134] 赵志耘，杜红亮. 我国科技成果转化过程监测指标体系探讨 [J]. 中国软科学，2011（11）：8 - 14.

[135] 赵稚薇. 科技金融对技术创新的作用效率研究 [J]. 金融经济，2012（20）：67 - 69.

[136] 郑江波，崔和瑞. 中外农业科技成果转化的推广模式比较及借鉴 [J]. 科技进步与对策，2009（1）：14 - 16.

[137] 郑延冰. 民营科技企业研发投入、研发效率与政府资助 [J]. 科学学研究，2016，34（7）：1036 - 1043.

[138] 中华人民共和国. 农业部关于做好 2013 年农业农村经济工作的意见 [EB/OL]. http：//www. moa. gov. cn/nybgb/2013/derq/201712/t20171219_ 6111681. htm，2013 - 02 - 20/2016 - 06 - 06.

[139] 中华人民共和国中央人民政府，2014 年中央一号文件 [EB/OL]. http：//www. gov. cn/jrzg/2014 - 01/19/content_2570475. htm，2014 - 01 - 19/2016 - 06 - 06.

[140] 周小春，陈灿，牛卫平. 技术并购与自主创新：互补还是替代 [J]. 科技管理研究，2014，34（3）：5 - 8.

[141] 周亚林. 我国农业企业技术创新存在的问题及对策研究 [J]. 农村经济与科技，2018，29（19）：167 - 168.

[142] 周燕，郭偲偲，张麒麟. 内外双向因素与搭便车行为：社会网络的调节作用 [J]. 管理科学，2015，28（3）：130 - 142.

[143] 朱秀芹. 关于农业科技成果转化难问题的思考 [J]. 调研世界，2008（12）：30 - 31.

[144] 朱云欢，张明喜. 我国科技成果转化绩效评价及相关问题研究——基于各省市数据的 DEA 分析 [J]. 科技与经济，2011（2）：1 - 5.

[145] Acemoglu D, Zilibotti F. Productivity Differences [J]. Quarterly Journal of Economics, 2001, 116（2）：563 - 606.

[146] Adner R, Kapoor R. Value creation in innovation ecosystems: How the structure of technological interdependence affects firm performance in new technology generations [J]. Strategic Management Journal, 2010, 31（3）：

306 – 333.

［147］Adner R. Match your innovation strategy to your innova-tion eco-system ［J］. Harvard Business Review, 2006, 84 (4): 98.

［148］Aharoni Y, Brock D M. International business research: Looking back and looking forward ［J］. Journal of International Management, 2010, 16 (1): 5 – 15.

［149］Alpaslan B, ALI A. The spillover effects of innovative ideas on human capital ［J］. Review of Development Economics, 2017, 22.

［150］Andersen P, Petersen N C. A Procedure for Ranking Units in Data Envelopment Analysis ［J］. Management ence, 1993, 39 (10): 1261 – 1264.

［151］Anderson T R, Daim T U, Lavoie F F. Measuring the efficiency of university technology transfer ［J］. Technovation, 2007, 27 (5): 306 – 318.

［152］Anon Higon D. The Impact of R&D Spillovers on UK Manufacturing TFP: A Dynamic Panel Approach ［J］. Research Policy, 2007, 36 (7): 964 – 979.

［153］Atkinson A B, Stiglitz J E. A New View of Technological Change ［J］. Economic Journal, 1969, 79 (315): 573 – 578.

［154］Baik B, Farber D B, Lee S. CEO Ability and Management Earnings Forecasts ［J］. Contemporary Accounting Research, 2011, 28 (5): 1645 – 1668.

［155］Barnard C I. The functions of the executive / by Chester I. Barnard ［J］. 1940.

［156］Barney J B. Firm Resources and Sustained Competitive Advantage ［J］. Advances in Strategic Management, 1991, 17 (1): 3 – 10.

［157］Berchicci L. Towards an open R&D system: Internal R&D investment, external knowledgeacquisition and innovative performance ［J］. Research Policy, 2013, 42 (1): 117 – 127.

［158］Bernile G, Bhagwat V, Rau P R. What Doesn't Kill You Will Only Make You More Risk-Loving: Early-Life Disasters and CEO Behavior ［J］.

Journal of Finance, 2017, 72（1）: 167 – 206.

［159］ Besharov M L, Smith W K. Multiple Institutional Logics in Organizations: Explaining Their Varied Nature and Implications ［J］. Academy of Management Review, 2014, 39（3）: 364 – 381.

［160］ Bettis R A, Bradley S P, Hamel G. Outsourcing and Industrial Decline ［J］. Academy of Management Executive, 1992, 6（1）: 7 – 22.

［161］ Brouthers K D, Brouthers L E, Wilkinson T J. Strategic Alliances: Choose Your Partners ［J］. Long Range Planning, 1995, 28（3）: 18 – 25.

［162］ Bruce S. Who co-operates for innovation, and why. An empirical analysis ［J］. Research Policy, 2002, 31（6）: 947 – 967.

［163］ Cardozo R, Ardichvili A, Strauss A. Effectiveness of university technology transfer: an organizational population ecology view of a maturing supplier industry ［J］. The Journal of Technology Transfer, 2011, 36（2）: 173 – 202.

［164］ Cassiman B, Veugelers R. In Search of Complementarity in Innovation Strategy: Internal R&D and External Knowledge Acquisition ［J］. Management Science, 2006, 52（1）: 68 – 82.

［165］ Chapple W, Lockett A, Siegel D, et al. Assessing the relative performance of U. K. university technology transfer offices: parametric and nonparametric evidence ［J］. Research Policy, 2005, 34（3）: 0 – 384.

［166］ Chen J, Chen Y, Vanhaverbeke W. The influence of scope, depth, and orientation of external technology sources on the innovative performance of Chinese firms ［J］. Technovation, 2011, 31（8）: 362 – 373.

［167］ Chen Y, Du J, Sherman H D, et al. DEA model with shared resources and efficiency decomposition ［J］. European Journal of Operational Research, 2010, 207（1）: 339 – 349.

［168］ Chesbrough H W. The Era of Open Innovation ［J］. MIT Sloan Management Review, 2003, 44（3）: 35 – 41.

［169］ Cho C H, Jung J H, Kwak B, et al. Professors on the Board: Do

191

They Contribute to Society Outside the Classroom？〔J〕. Journal of Business Ethics, 2015, 141 （2）: 1 – 17.

〔170〕 Curi C, Daraio C, Llerena M P. University Technology Transfer: How （in-） efficient are French universities？〔J〕. DIS Technical Reports, 2012, 36 （3）: 629 – 655.

〔171〕 Das T K, Teng B S. Instabilities of Strategic Alliances: An Internal Tensions Perspective 〔J〕. Organization Science, 2000, 11 （1）: 77 – 101.

〔172〕 Davis L. Institutional change and American economic growth 〔J〕. Journal of Economic History, 1970, 30 （1）: 131 – 149.

〔173〕 Demerjian P, Lev B, Mcvay S. Quantifying Managerial Ability: A New Measure and Validity Tests 〔J〕. Social ence Electronic Publishing, 2012, 58 （7）: 1229 – 1248.

〔174〕 Dimos C, Pugh G. The effectiveness of R&D subsidies: A meta-regression analysis of the evaluation literature 〔J〕. Research Policy, 2016, 45 （4）: 797 – 815.

〔175〕 Fare R, Grosskopf S. Network DEA 〔J〕. Socio-Economic Planning Sciences, 2000, 34 （1）: 35 – 49.

〔176〕 Foray D. The Economics of Knowledge 〔J〕. Mit Press Books, 2004, 1 （2）: 233 – U2.

〔177〕 Gabriele S, Stefano B, Armando P. Collaborative modes with Cultural and Creative Industries and innovation performance: The moderating role of heterogeneous sources of knowledge and absorptive capacity 〔J〕. Technovation, 2018: 92 – 93.

〔178〕 Gary D, Michael J. L. When do incumbents learn from entrepreneurial ventures?: Corporate venture capital and investing firm innovation rates 〔J〕. Research Policy, 2005 （34）: 615 – 639.

〔179〕 Gassmann O, Enkel E. Towards a Theory of Open Innovation: Three Core Process Archetypes 〔J〕. 2004.

〔180〕 Gerwin D. Coordinating New Product Development in Strategic Alliances [J]. Academy of Management Review, 2004, 29 (2): 241 – 257.

[181] Gibbs A B W. The Double-Edge of Organizational Legitimation [J]. Organization Science, 1990, 1 (2): 177 – 194.

[182] Girma S. Absorptive capacity and productivity spillovers from FDI: a threshold regression analysis [J]. Oxford Bulletin of Economics and Statistics, 2005, 67 (3): 281 – 306.

[183] Guariglia A, Liu P. To what extent do financing constraints affect Chinese firms' innovationactivities? [J]. International Review of Financial Analysis, 2014, 36 (12): 223 – 240.

[184] Hagedoorn J, Wang N. Is there complementarity or substitutability between internal and external R&D strategies? [J]. Research Policy, 2012, 41 (5).

[185] Hagedoorn J. Inter-firm R&D partnerships: an overview of major trends and patterns since 1960 [J]. Research Policy, 2002, 31 (4): 477 – 492.

[186] Hambrick D C, et al. Upper Echelons: The Organization as a Reflection of Its Top Managers [J]. Academy of Management Review, 1984, 9 (2): 193 – 206.

[187] Hansen B E. Threshold effects in non – dynamic panels: Estimation, testing, and inference [J]. Journal of Econometrics, 1999, 93 (2): 345 – 368.

[188] Hicks J R. A Theory of Economic History [J]. OUP Catalogue, 1969.

[189] Hippel V E. Comment on 'Is open innovation a field of study or a communication barrier to theory development?' [J]. Technovation, 2010, 30 (11 – 12): 555 – 557.

[190] Hsu P H, Wang C, Wu C. Banking systems, innovations, intellectual property protections, and financial markets: Evidence from China [J]. Journal of Business Research, 2013, 66 (12): 2390 – 2396.

193

[191] Hu A G. Ownership, Government R&D, Private R&D, and Productivity in Chinese Industry [J]. Journal of Comparative Economics, 2001, 29 (1): 0 – 157.

[192] Hu A G Z, Jefferson G H, Qian J. R&D and technology transfer: firm-level evidence from Chinese industry [J]. Review of Economics & Statistics, 2005, 87 (4): 780 – 786.

[193] Ingram S H. Behavioral Assumptions of Policy Tools [J]. The Journal of Politics, 1990, 52 (2): 510 – 529.

[194] Inkpen A C, Beamish P W. Knowledge, Bargaining Power, and the Instability of International Joint Ventures [J]. Academy of Management Review, 1997, 22 (1): 177 – 202.

[195] Keupp M M, Gassmann O. Determinants and archetype users of open innovation [J]. R&D Management, 2009, 39 (4): 331 – 341.

[196] Kim Y. The ivory tower approach to entrepreneurial linkage: productivity changes in university technology transfer [J]. The Journal of Technology Transfer, 2013, 38 (2): 180 – 197.

[197] Kleer R. Government R&D subsidies as a signal for private investors [J]. Working Papers, 2010, 39 (10): 0 – 1374.

[198] Kogut B, Zander U. Knowledge of the Firm, Combinative Capabilities, and the Replication of Technology [J]. Organization ence, 1992, 3 (3): 383 – 397.

[199] Laursen K, Salter A. Open for Innovation: The Role of Openness in Explaining Innovation Performance among U. K. Manufacturing Firms [J]. Strategic Management Journal, 2006, 27 (2): 131 – 150.

[200] Lev B. Intangibles: Management, measurement, and reporting [M]. Brookings Institution Press, 2001: 42 – 49.

[201] Lichtenthaler U, Lichtenthaler E. A Capability-Based Framework for Open Innovation: Complementing Absorptive Capacity [J]. Journal of Management Studies, 2010, 46 (8): 1315 – 1338.

［202］Lichtenthaler U. Outbound open innovation and its effect on firm performance: examining environmental influences ［J］. R&D Management, 2009, 39（4）: 317 – 330.

［203］Lin J Y. Development strategy, viability, and economic convergence ［J］. China Economic Quarterly, 2002, 51（2）: 277 – 308.

［204］Link A, Siegel D. Generating science-based growth: an econometric analysis of the impact of organizational incentives on university-industry technology transfer ［J］. The European Journal of Finance, 2005, 11（3）: 169 – 181.

［205］Lyu Y, Zhu Y, Han S, et al. Open innovation and innovation Radicalness—the moderating effect of network embeddedness ［J］. Technology in Society, 2020, 62（2）: 1 – 18.

［206］Macho-Stadler, Inés D. Pérez-Castrillo. Incentives in university technology transfers Original Research Article ［J］. International Journal of Industrial Organization, 2010, 28（4）: 362 – 367.

［207］Madsen J B. Technology spillover through trade and TFP convergence: 135 years of evidence for the OECD countries ［J］. Journal of International Economics, 2005, 72（2）: 464 – 480.

［208］Makino S, Chan C M, Isobe T, et al. Intended and Unintended Termination of International Joint Ventures ［J］. Strategic Management Journal, 2007, 28（11）: 1113 – 1132.

［209］Mcginnis M A, Vallopra R M. Purchasing and Supplier Involvement: Issues and Insights Regarding New Product Success ［J］. Journal of Supply Chain Management, 2010, 35（3）: 4 – 15.

［210］Mina A, Bascavusoglu-Moreau E, Hughes A. Open service innovation and the firm's search for external knowledge ［J］. Research Policy, 2014, 43（5）: 853 – 866.

［211］Nakagaki P, Aber J, Fetterhoff T. The Challenges in Implementing Open Innovation in a Global Innovation-Driven Corporation ［J］. Research-

Technology Management, 2012, 55 (4): 32 - 38.

[212] Nonaka I. A Dynamic Theory of Organizational Knowledge Creation [J]. Organization Science, 1994, 5 (1): 14 - 37.

[213] Perez C. Technological Revolutions and Financial Capital: The Dynamics of Bubbles and Golden Ages [M]. Edward Elgar Publishing Ltd, 2002: 11 - 16.

[214] Petersen M A, Rajan R G. The Effect of Credit Market Competition on Lending Relationships [J]. Quarterly Journal of Economics, 110 (2): 407 - 443.

[215] Pires A. Competitiveness - shifting effects and the prisoner's dilemma in international R&D subsidy wars [J]. International Economics, 2015, 142: 32 - 49.

[216] Po-Hsuan, Hsu, Xuan, et al. Financial development and innovation: Cross-country evidence [J]. Journal of Financial Economics, 2014 (112): 116 - 135.

[217] Rigby D, Zook C. Open-market innovation [J]. Harvard Business Review, 2002, 80 (10): 80.

[218] Rivette K G, Kline D. Discovering New Value in Intellectual Property [J]. Harvard Business Review, 2000, 78 (1): 54 - 66.

[219] Roberts J, Sanderson P, Barker R, et al. In the mirror of the market: The disciplinary effects of company/fund manager meetings [J]. Accounting Organizations & Society, 2006, 31 (3): 277 - 294.

[220] Rodrik D. Industrial policy for the twenty-first century [J]. Faculty Research Working Paper Series, 2004, No. RWP04-047. Harvard University, John F. Kennedy School of Government.

[221] Sala - I - Martin X. Cross - sectional regressions and the empirics of economic growth [J]. European Economic Review, 1994, 38 (3 - 4): 739 - 747.

[222] Sher P J, Yang P Y. The effects of innovative capabilities and R&D

clustering on firm performance: the evidence of Taiwan's semiconductor industry [J]. Technovation, 2005, 25 (1): 33 - 43.

[223] Siegel D, Wright M, Chapple W, Lockett A. Assessing the relative performance of university technology transfer in the US and UK: a stochastic distance function approach [J]. Economics of Innovation and New Technology, 2008, 17 (7 - 8): 717 - 729.

[224] Squire H B. A contingent perspective of open innovation in new product development projects [J]. International Journal of Innovation Management, 2010, 14 (4): 603 - 627.

[225] Subash Sasidharan, P. J. Jijo Lukose, Surenderrao Komera. Financing constraints and investments in R&D: Evidence from Indian manufacturing firms [J]. The Quarterly Review of Economics and Finance, 2015 (55): 28 - 39.

[226] Tidd J, Bessant J. Strategic innovation management [J]. Evolution, 2014, 58 (5): 956 - 963.

[227] Tom P, Dries F, Wim V H. Toward a dynamic perspective on open innovation: a longitudinal assessment of the adoption of internal and external innovation strategies in the netherlands [J]. International Journal of Innovation Management, 2009, 13 (2): 177 - 200.

[228] Tone K. A slacks-based measure of efficiency in data envelopment analysis [J]. European Journal of Operational Research, 2001, 130 (3): 498 - 509.

[229] Wagenhofer, Alfred. Intangibles: Management, Measurement, and Reporting [J]. Schmalenbach Business Review, 2001.

[230] Wallsten S J. The Effects of Government-Industry R&D Programs on Private R&D: The Case of the Small Business Innovation Research Program [J]. The RAND Journal of Economics, 2000, 31 (1): 82 - 100.

[231] Wang G. Managerial Ability and Informed Insider Trading [R]. Working Paper, 2013.

198

［232］Weber B. Corporate Venture Capital as a Means of Radical Innovation: Relational Fit, Social Capital, and Knowledge Transfer ［J］. Journal of Engineering and Technology, 2007 （24）: 11 – 35.

［233］Wei Z, Yuguo J, Jiaping W. Greenization of Venture Capital and Green Innovation of Chinese Entity Industry ［J］. Ecological Indicators, 2015, 51 （4）: 31 – 41.

［234］Wincent J, Anokhin S, Oertqvist D. Does network board capital matter? A study of innovative performance in strategic SME networks ［J］. Journal of Business Research, 2010, 63 （3）: 265 – 275.

［235］Wynarczyk P. Open innovation in SMEs: A dynamic approach to modern entrepreneurship in the twenty-first century ［J］. Journal of Small Business & Enterprise Development, 2013, 20 （2）: 258 – 278.

［236］Yang D, Lu Z, Luo D. Political connections, media monitoring and long-term loans ［J］. China Journal of Accounting Research, 2014, 7 （3）: 165 – 177.

［237］Yoo S C, Meng J, Lim S. An analysis of the performance of global major airports using two-stage network DEA model ［J］. 2017, 45 （1）: 65 – 92.

［238］Zeitz Z G J. Beyond Survival: Achieving New Venture Growth by Building Legitimacy ［J］. Academy of Management Review, 2002, 27 （3）: 414 – 431.

［239］Zhao H, Tong X, Wong P K, et al. Types of technology sourcing and innovative capability: An exploratory study of Singapore manufacturing firms ［J］. Journal of High Technology Management Research, 2005, 16 （2）: 209 – 224.

［240］Zollo M, Reuer J J, Singh H. Interorganizational Routines and Performance in Strategic Alliances ［M］. INFORMS, 2002.

图书在版编目（CIP）数据

中国农业企业科技成果转化效率研究：基于企业
技术创新能力的视角／毛世平，林青宁著．—北京：
经济科学出版社，2022.8
ISBN 978-7-5218-3901-2

Ⅰ.①中…　Ⅱ.①毛…②林…　Ⅲ.①农业企业-
科技成果-成果转化-研究-中国　Ⅳ.①F324

中国版本图书馆 CIP 数据核字（2022）第 136419 号

责任编辑：赵　蕾
责任校对：王苗苗
责任印制：范　艳

中国农业企业科技成果转化效率研究：基于企业技术创新能力的视角

毛世平　林青宁／著

经济科学出版社出版、发行　新华书店经销

社址：北京市海淀区阜成路甲 28 号　邮编：100142

总编部电话：010-88191217　发行部电话：010-88191522

网址：www.esp.com.cn

电子邮箱：esp@esp.com.cn

天猫网店：经济科学出版社旗舰店

网址：http://jjkxcbs.tmall.com

北京季蜂印刷有限公司印装

710×1000　16 开　13 印张　214000 字

2022 年 8 月第 1 版　2022 年 8 月第 1 次印刷

ISBN 978-7-5218-3901-2　定价：58.00 元

（图书出现印装问题，本社负责调换。电话：010-88191510）

（版权所有　侵权必究　打击盗版　举报热线：010-88191661

QQ：2242791300　营销中心电话：010-88191537

电子邮箱：dbts@esp.com.cn）